ESSAIS DE SERMONS PRÊCHÉS A L'HOTEL-DIEU DE PARIS.

Par M. M****, Docteur en Théologie de la Faculté de Paris, C. R. & B. de S. V.

A PARIS,
Chez CHARLES-PIERRE BERTON, Libraire ; rue S.-Victor, vis-à-vis le Seminaire S. Nicolas-du-Chardonnet, au Soleil levant.

M. DCC. LXXXI.
Avec Approbation & Privilége du Roi.

PRÉFACE.

En offrant au Public ces Essais de Sermons, je ne m'aveugle point assez pour m'imaginer lui présenter des Chefs-d'œuvres, ou pour espérer même quelque réputation de leur publicité. Nous sommes dans un siécle où le genre des Sermons n'est pas le plus recherché & le mieux accueilli : d'ailleurs ces Eſſais ne ſont pas de ces morceaux éloquens, qui, ſemblables aux productions de nos célébres Prédicateurs, attirent les yeux des Hommes, trop ſouvent indifférens ſur les objets que j'y traite.

Ce n'eſt principalement que pour les Religieuſes en général, & ſur-tout pour celles de l'Hôtel-Dieu, & autres Hoſpitalieres, que je les publie.

Je ſerai trop heureux, ſi

mes deux premiers Sermons éclairent les Novices, ſur l'étendue des devoirs qu'elles déſirent s'impoſer ; & ſi le troiſieme entretient, ranime la charité, le zèle & le courage de celles qui ſont déja liées par des vœux. Si quelques-uns des Habitans du monde daignent jetter les yeux ſur ces faibles Eſſais, & qu'ils conçoivent à leur lecture, quelques ſentimens de reſpect pour les Religieuſes Hoſpitalieres, ces Héroïnes de la Religion, ces Bienfaitrices de l'humanité, mes eſpérances ſeront ſurpaſſées, & ma ſatisfaction ſera parfaite.

SERMON

PRÊCHÉ

A L'HOTEL-DIEU DE PARIS,

Le 2 Sepre. 1777,

A LA PROFESSION

De Mademoiſelle Aimée-Eliſabeth Samosset du Tillet, *dite* de Saint-Eustache; & de Mademoiſelle Charlotte-Eliſabeth Sergent, *dite* de Saint-Dominique.

SERMON

SERMON DE PROFESSION, PRÊCHÉ A L'HÔTEL-DIEU DE PARIS.

Ubi est victima? Où est la victime? *Genese*, chap. 22, ✝. 7.

EN entrant dans ce Temple, à la vûe de cet Autel & de tous ces préparatifs frappans d'un sacrifice, vous avez été, sans doute, naturellement portés, Chrétiens, à demander, comme le jeune Isaac à ſon pere, où eſt la victime? *Ubi eſt victima?* Mais votre inquiétude a bientôt été calmée, lorſque vous avez vu paroître au milieu de vous ces vierges heureuſes qui ont attiré tous vos regards. Oui, mes cheres Sœurs, oui, c'eſt vous qui êtes les victimes de cet holocauſte admirable que nous voyons préparé : c'eſt pour vous que l'Autel eſt dreſſé ; c'eſt vous qu'attend le Sacrificateur revêtu de ſes ornemens ſolemnels ; & ſi le monde vous environne encore en ce moment, c'eſt pour la derniere fois. Vous êtes libres, dans quelques inſtans vous ne le ſerez plus · vos vœux ſeront prononcés, vos vœux éternels! Le monde, l'aſſemblée, tout ceſſera d'exiſter pour vous : il ne vous reſtera rien que votre ſacrifice à perpétuer : quelle perſpective! Avec quel ſoindois-je vous la faire contempler ! Avec quelle attention devez-vous en fixer l'étendue !

Peut-être les tableaux enchanteurs des avantages du cloître vous flateroient-ils d'avantage ; mais déjà n'en avez-vous pas éprouvé les douceurs ? & d'ailleurs ne vaudroit-il pas mieux vous en laiſſer goûter la nouveauté, que vous ſéduire par leur éclat ? Ah ! rappellons plutôt à vos cœurs leurs anciennes réflexions ſur les engagemens qu'ils veulent contracter. Votre jeuneſſe vous promet tout le tems de ſavourer les plaiſirs de la vie religieuſe, & vous n'avez plus, pour faire le choix de votre ſort éternel, que l'intervalle de mon diſcours.

Si les enfans de ténebres ſont, comme dit l'Ecriture, ſi prudens & ſi ſages dans la conduite de leurs *S. Luc. ch. 16, v. 8.*

affaires, eux qui ne doivent vivre qu'un jour, pourquoi rougirions-nous de faire ufage de ces vertus dans un moment où nous contractons pour l'éternité ?

Hyer. in Pfal. 115. La profeſſion religieuſe, qui, ſelon S. Jérôme, eſt la vie des Anges ſur la terre, devient l'état le plus affreux lorſqu'on en fait le choix *Chrif Hom. 15 ad pop. Antioc.* ſans l'aveu de ſon Dieu ; le cloître alors n'eſt plus cette montagne ſacrée dont parle S. Chryſoſtôme, d'où l'homme apperçoit à peine & mépriſe tous les biens de la terre qui s'aviliſſent à ſes yeux ; ce n'eſt *Id. lib. 3 ad vi-tup. vit. monaſ.* plus ce port aſſuré d'où l'on contemple ſans rien craindre la furie des flots, la rage des tempêtes & les naufrages affreux des hommes : le joug de la regle n'a plus la douceur de celui de Jeſus-Chriſt ; l'ame ne voit plus que travaux, chaînes, privations; elle regrette ce qu'elle ne peut plus avoir ſans crime, les objets les plus vils s'ennobliſſent & deviennent les plus déſirables; c'eſt une plante emportée loin de ſon climat naturel, qui ſouffre, s'altere, ſe penche, & tombe bientôt flétrie & deſſéchée; encore ſi elle n'avoit que le ſort paſſager de cette fleur! mais l'éternité qui s'entr'ouvre, la trompette du Jugement qui ſe fait entendre, un Dieu vengeur que les nuées apportent : quel tourment! Ah! mes cheres Sœurs, il en eſt encore tems, évitons-le; peſez avec moi, combien eſt ſublime cet état que vous choiſiſſez, combien doivent être pures les diſpoſitions de celles qui l'embraſſent.

La vie religieuſe eſt le tourment le plus affreux pour les perſonnes qui l'embrassent sans avoir les dispositions nécessaires ; nécessité de Vocation, & les dispositions nécessaires sont très-rares ; caracteres de la Vocation : voilà tout le plan de cette instruction.

Puisse le Ciel vous éclairer en ce moment décisif, vous arracher de l'Autel, si vous devez être sacriléges, vous y porter, si vous devez être fideles.

Esprit Saint, daignez me protéger en cet instant, répandez sur moi vos lumieres ; & suivant ce que vous lisez dans l'avenir, qui vous est toujours présent, donnez à mes paroles, ou la force de la terreur, ou celle de la persuasion.

PREMIERE PARTIE.

Si nous parcourons les Ouvrages

des SS. Peres & l'hiſtoire des premiers ſiecles du Chriſtianiſme, nous rencontrons à chaque pas des éloges magnifiques de la vie religieuſe. Une Vierge, un Solitaire, ſont aux yeux de ces pieux Ecrivains, des pierres précieuſes qui forment le diadême de l'Egliſe, ou des Maryrs glorieux, dont les peines, ſans ceſſe renaiſſantes, ſurpaſſent les ſupplices momentanés & le mérite des anciens défenſeurs de la foi. Suivant d'autres, la conſécration religieuſe eſt l'holocauſte le plus parfait, par lequel les biens, les honneurs, la vie même ſont ſacrifiés ; c'eſt la perfection évangélique, le chef-d'œuvre de la force & de l'amour, le triomphe de l'homme : c'eſt un bien ſi doux, dit un d'eux, que Dieu lui-même s'eſt vu forcé d'en dérober la con-

S. Hier. epiſt. ad Marcellam.

S. Ber. ſerm. 30 in cantic.

S. Gregorius, Hom. 20 in Ezechiel.

noiſſance à la multitude , pour ne point dépeupler l'univers : *conſultò gratiam Religionis Deus occultavit ne, ſi cognoſceretur ejus felicitas, omnes ad eam confugerent.* Mais ces éloges, quelque vrais qu'ils puiſſent être, ne s'appliquent & ne peuvent convenir qu'à la conſécration ſainte d'une créature appellée par ſon Créateur, & dont toutes les actions correſpondent à la ſainteté de ſa vocation : toute autre conſécration eſt indigne de louange ; & comme dit un Pere, ſi vivre dans un déſert, c'eſt une perfection, y vivre mal, c'eſt un enfer. *Venire ad eremum, ſumma perfectio eſt, non perfectè in eremo vivere, ſumma damnatio.*

Laur. Juſtin. de Monaſt. perfecc. 6.

Euſeb. emiſ. Homil. 5. ad Monach.

Accoutumées à ne voir à votre tête & dans cette enceinte reſpectable, que des Vierges heureuſes, toutes conduites en ces lieux ſaints par l'eſprit de Dieu, toutes occupées a répondre par leur zéle à la voix de cet Etre plein de bonté, n'allez pas croire, mes cheres Sœurs, que je veuille vous en impoſer; ſuivez-moi, & vous verrez que ce qui fait le bonheur de la vie religieuſe pour une ame fidelle à la vocation de ſon Dieu, eſt la ſource du malheur & du déſeſpoir pour celles qui l'embraſſent ſans les diſpoſitions néceſſaires.

En effet, l'homme conſacré à Dieu par des vœux ſolemnels n'eſt point heureux, parce qu'il ſe voit délivré des embarras du monde, parce qu'il ne redoute plus les beſoins de la vie & qu'il n'eſt plus inquiété par ſon corps; mais il eſt heureux, parce qu'il n'eſt plus à lui, parce que toutes ſes penſées, tous ſes déſirs, toutes ſes actions, ſes ſoupirs mêmes ſont à ſon Dieu, parce qu'il eſt ſous le précieux eſclavage de la charité, ſoumis à l'heureuſe néceſſité de faire le bien, parce que ce ſacrifice univerſel ne finira jamais, & que par l'amour, il ſe perpétuera dans l'éternité : or je ſoutiens que cette univerſalité & cette éternité de ſacrifice font tout le malheur d'une ame religieuſe, qui, nullement appellée par ſon Dieu, a la témérité de prononcer un engagement que ce Dieu ne ratifie pas.

Et d'abord, qui douteroit que dans cette ſuppoſition l'univerſalité du ſacrifice fût un tourment cruel?

L'homme naît avec le déſir d'être heureux : ce déſir qui ſe manifeſte avec les larmes au moment de ſa naiſſance, ne s'exhale qu'avec ſon dernier souffle, & la seule différence de l'objet dans lequel chacun croit trouver son bonheur, fait la seule différence des désirs, jusques-là même, que les passions les plus criminelles, les actions les plus infâmes, les vices qui plongent l'homme dans la misere, n'ont pas d'autres sources que ce désir du bonheur ; *ideò est miser*, dit S. Augustin, *quia vult esse beatus*. Mais cet homme ne peut appercevoir l'idée du bonheur que dans les biens que lui offre la Nature, ou dans des objets surnaturels : or, de quelque côté que se tourne l'ame liée par des vœux irrévocables prononcés avec témérité, tous ces biens lui échappent, elle n'en voit aucun qui puisse fixer son bonheur. Les biens de la Nature se sont envolés de ses mains.

Avant de prononcer ſon engagement fatal, elle pouvoit diſpoſer des tréſors de la fortune, elle ne le peut plus; elle pouvoit ſuivre ſa volonté & promener ſon intelligence ſur une multitude d'objets, elle ne le peut plus; ſes ſens, dans l'âge de la vigueur, multiplioient ſes plaiſirs, la religion même lui en pouvoit légitimer l'uſage, elle en pouvoit jouir, elle ne le peut plus.

Le Vœu de Pauvreté qu'enfreint le plus petit regret des poſſeſſions abandonnées, ou le plus léger deſir de poſſéder encore, l'a dépouillée de toutes les richeſſes dont la fortune l'avoit gratuitement comblée. Le Vœu d'Obéiſſance qui exclud juſqu'au moindre murmure, a reſtreint ſa volonté, & pour ainſi dire, a mis des bornes à ſon intelligence. Le Vœu de Continence qui, ſemblable à ces fleurs sensibles qui redoutent jusqu'aux haleines trop chaudes des zéphirs, est détruit par le moindre souffle de l'impureté, lui a enlevé tous les plaisirs.

La perspective des biens surnaturels n'a pas de quoi la dédommager de ses pertes, ses espérances se sont changées en craintes; & quelles espérances auroit-elle en effet? Par sa démarche inconsidérée, elle a éloigné les graces dont elle avoit besoin pour remplir ses devoirs, & ses devoirs méprisés & négligés ont attiré sur elle la colere des Cieux.

Dieu, cet Artisan suprême qui a voulu pétrir de ses mains ce vil limon qui nous compose, & n'a pas dédaigné lui inspirer son souffle divin, nous avoit fixé notre place avant même que nous commençassions à

exiſter; il avoit préparé pour nous toutes les graces particulieres à chaque état; il s'étoit obligé de nous les donner ſelon qu'elles nous ſeroient néceſſaires, & la ſeule condition qu'il exigeoit de nous étoit que nous marchaſſions dans la voie qu'il nous indiqueroit. L'ame religieuſe, qui n'a point été réglée ſuivant les diſpoſitions de l'Etre ſuprême, n'a donc plus le droit de prétendre à ces graces particulieres, & ſi, dans la chaleur d'un zele précipité, elle a dit comme Pierre:
S. Mat. c. 62, v. 35. *Maître, fallut-il mourir avec vous, je vous ſuivrai*; elle doit craindre que, comme ſon modele, elle ne renie ce même maître à la moindre ſollicitation de ſes déſirs.

L'Ecriture ne nous fournit-elle pas une multitude de ces exemples déplorables?

Coré, Dathan, Abiron, veulent usurper le ministere d'Aaron, eux qui ne doivent que l'assister dans le culte du tabernacle, & au moment même de leurs encensemens, la terre s'ouvre sous leurs pieds & les ensevelit dans les enfers. *Numer. c. 16, v. 33.*

Les enfans de Dieu, épris de la beauté des filles des hommes, les épousent sans consulter leur pere, & leur union ne produit que des monstres. *Genes. c. 6.*

Les enfans de Juda n'ont pas suivi la route que leur montroient les Prophetes : des hommes, sans l'inspiration divine, ont voulu prophétiser leurs freres : que dit le Seigneur ? Si ces hommes avoient écouté mes conseils, je les aurois détournés de leurs mauvaises voies & du déréglement de leurs pensées : *Avertissem utique eos à viâ suâ* *Jere. c. 13, v. 22.*

malâ & à cogitationibus suis pessimis; mais ils se sont imposé eux-mêmes leur joug ; je ne les envoyois pas, & ils couroient ; je ne les inspirois pas , & ils prophétisoient

Ibid. v. 25. *Non mittebam & ipsi currebant, non loquebar ad eos & ipsi prophetabant.* Qu'ils ne viennent pas me dire que mon joug est pesant ; ce n'est pas mon joug, c'est le leur qu'ils

Ibid. v. 33 & 38. portent : *Nolite dicere onus Domini, vos estis onus.* Oui , ce sont de vrais fardeaux que je ne puis plus supporter, je les rejetterai , je les abandonnerai , je les couvrirai d'un opprobre qui ne finira point, & d'une ignominie dont la mémoire ne s'effacera jamais:

Ibid. v 39 & 40 *Projiciam, tollam, derelinquam & dabo eos in opprobrium sempiternum & in ignominiam æternam.*

Cet anathême est terrible, sans

doute! représentez-vous, mes cheres Sœurs, une ame faite pour être heureuse, qui a voulu acheter le bonheur au prix de tous les biens qu'elle possédoit, & qui se voit dénuée de tout, sans avoir acquis ce bonheur; qui n'a trouvé qu'ennui, chagrins, peines cuisantes, au lieu de la félicité qu'elle se promettoit; une ame qui, après avoir juré qu'elle seroit à jamais fidelle, ne se rappelle qu'infidélités, & se voit comme dans la nécessité d'en commettre de nouvelles; qui enfin, courbée sous le poids de ses vœux irrévocables & de ses parjures multipliés, ne voit plus auprès d'elle & pour elle, qu'opprobres & ignominie: *Opprobrium sempiternum & ignominiam æternam.*

Ce n'est pas tout, mes cheres Sœurs, ajoutez à cette idée celle de l'éternité du ſacrifice, & peignez-vous, s'il eſt poſſible, ſon malheur.

Quels grands que ſoient les chagrins que l'on reſſent, ils ſont néanmoins ſuſceptibles d'adouciſſement par la vue du terme où ils doivent finir. Ainſi, jetté par la tempête ſur la côte aride d'une iſle déſerte, un voyageur ſans ſecours, ſans reſſource, exténué par la faim qui le dévore, ſent tout-à-coup ranimer ſes forces à la vue d'un pavillon qu'il voit voguer ſur les mers qui bordent ſon exil. Ainſi, dans le ſein des peines les plus douloureuſes, les ames de nos freres ſont ſoulagées par la douce eſpérance de la béatitude future; mais cette ame malheureuſe qui n'a plus rien, & qui déſire tout; qui a donné ſes biens, & qui veut ces mêmes biens; qui ſent perpétuellement en elle des penchans violens qui l'entraînent vers le plaiſir, & qui ſe ſent arrêtée par les barrieres de l'humiliation & de la pénitence ; qui ne rencontre que des occupations dont le poids l'accable, des exemples dont le ſpectacle la fatigue ; qui fuit Dieu & le retrouve toujours ; qui cherche le monde qui lui échappe; qui, en un mot, a fait le ſacrifice le plus univerſel, & qui, en regrettant d'en être la victime, voit qu'elle ne peut jamais ceſſer de l'être; cette ame, ſans doute, eſt au comble du malheur & du déſeſpoir.

Bourdal. penſées.

Vous êtes émus, Chrétiens, à la vue de cet effrayant tableau, & vous devez l'être : le ſort de ces deux victimes vous inquiéte, vous ignorez, ſi elles ſeront reçues de l'Etre Suprême, comme l'offrande d'Abel

Geneſ. c. 4, v. 4 & 5

ou comme celle de ſon frere réprouvé; vous l'ignorez & vous tremblez : ah ! tremblez auſſi pour vous-mêmes; vous partagez ou partagerez peut-être ce malheur que nous déplorons. Qui de vous n'a pas fait ou ne ſe diſpoſe pas à faire le choix d'un état ? Et qui de vous n'écoute pas la voix des préjugés, des paſſions, de l'intérêt, plutôt que celle de ſon Dieu ? Promenez vos regards ſur tous les états du monde. Cette fille malheureuſe que ſa mere a jettée dans les bras d'un époux que lui avoit indiqué la fortune, étoit deſtinée par ſon Créateur à fleurir dans ces habitations ſaintes; auſſi les devoirs de ſa condition la révoltent; l'éducation de ſes enfans eſt négligée, & ces fruits de grace qu'elle auroit portés à l'ombre de la ſolitude, ſe ſont deſſéchés dans les déſerts arides du ſiecle. Ce jeune homme, dont un état honnête auroit fait le bonheur, dominé par l'ambition de ſes parens plutôt encore que par la ſienne propre, s'eſt traîné juſques ſur les tribunaux de la Juſtice, incapable de la connoître, incapable de la rendre, le cœur ouvert à la corruption, livré à la cupidité, échangeant contre les miſeres publiques ſes amuſemens particuliers. Le ſanctuaire même, cette demeure des ſaints, ſe voit ſouillé par les crimes d'une foule d'êtres téméraires que la vue d'une place eſpérée, d'un bien-être promis, d'un Bénéfice convoité, qu'un zèle inconſidéré même ont décidé pour un choix qui dépendoit de la vocation unique du Créateur. De-là tous ces maux que les ennemis du Chriſtianiſme nous reprochent & qu'ils attribuent ſi injuſtement à la Religion qui les déplore ; de-là ce bouleverſement général dans la Société, dont tous les membres déplacés nous offrent l'image trop frappante d'un chaos univerſel ; de-là cette privation de graces néceſſaires pour faire, dans chaque condition, produire à ceux qui les profeſſent, des fruits qui germent pour l'immortalité. Tremblez donc, tremblez ſur vous-mêmes, Chrétiens qui m'écoutez, & craignez d'être les objets malheureux de l'anathême que vous venez d'entendre ſortir de la bouche de votre Dieu, de ce Dieu qui ne jure point en vain. Craignez d'être du nombre infortuné

Iſaïæ c. 30, v. 8.

de ces enfans déſerteurs qui ont formé des deſſins & des entrepriſes ſans avoir écouté les conſeils de leur Dieu, qui ſe ſont impoſé un joug qui n'eſt point le joug du Seigneur ; craignez d'entendre un jour cet arrêt formidable : Vous êtes des fardeaux pesans; je ne puis plus vous supporter, je vous emporterai loin de moi, je vous abandonnerai, je vous précipiterai dans un abîme éternel: *Projiciam, tollam, derelinquam, & dabo vos in opprobrium sempiternum& in ignominiam æternam.*

Vous êtes émues aussi, mes cheres Sœurs, & vous devez l'être ; tout ce que vous pouvéz craindre, tout ce que vous pouvez espérer, s'offre ensemble à votre vue ; l'éternité vous ouvre ses portes & vous fait voir sans aucun point fixe, ses peines & ses récompenses aussi étendues qu'elle. Le monde vous grossit tous ses plaisirs, la vie religieuse ses travaux ; vos passions vous donnent des secousses & vous disent comme autrefois à S. Augustin : C'est donc ainsi que vous nous quittez, espérez-vous donc vivre sans nous? *Siccine dereliquis nos*? Le trouble qui s'est élevé dans vos ames ne vous laisse qu'une incertitude déchirante qui vous accable.

Confessions.

Calmez, mes cheres Sœurs, calmez cette émotion naturelle, interrogez vos cœurs & lisez dans ce livre sincere vos destinées futures; s'ils vous disent que la volonté du Seigneur n'est point d'accord avec vos désirs, n'hésitez point: qu'un faux respect, qu'une crainte basse ne vous fasse point préférer un engagement condamnable à une retraite louable & avantageuse, ce n'est point fuir Dieu que de le chercher même au milieu du monde quand il nous y appelle, c'est se jetter dans ses bras; mais s'il vous font entendre ces douces paroles: Venez, venez, chastes épouses, époufes, venez recevoir les couronnes que je vous prépare : *Veni, veni de Libano, veni, coronaberis*, volez pour les recevoir ; car, n'en doutez pas, la vie religieufe, femblable à la manne du défert, a des goûts différents, fuivant les difpofitions des particuliers qui la goûtent. Si ces ames arides qui l'embraffent malgré la volonté du Seigneur, ne trouvent en elle qu'un tourment affreux, celles qui ne font que fuivre les attraits de la grace en trouvent les amertumes tempérées par un bonheur ineffable.

Canti. cant. c. 4, v. 8.

Cependant, comme l'Ange de ténebres fe transforme fouvent en Ange de lumiere, avant de prononcer votre engagement irrévocable, il eft de mon devoir de vous indiquer à quels traits vous pouvez le reconnoître.

SECONDE PARTIE.

Ouvrez les Cloîtres, & vous les verrez bientôt déſerts, diſent les ennemis de la Religon: ils mentent ſans doute ces oracles impoſteurs. Ils ne connoiſſent pas ces ames ſaintes qui peuplent nos ſolitudes qu'ils calomnient; ils n'ont point entendu les ſons enchanteurs que ces cœurs enflammés envoyent vers le Ciel célébrer leur bonheur & demander la plénitude de leur félicité; ils n'ont jamais goûté les douceurs de leur pénitence ni les voluptueuſes yvreſſes de l'amour qui les unit à l'Eternel: oui, je le répete, ils mentent; Dieu l'avoit annoncé, David les avoit dépeints: on les a vus dans les Pſeaumes, enflés d'un fol orgueil, inveſtis d'une force imaginaire, s'élever contre le Tout-Puiſſant & ſes merveilles: *In multitudine virtutis ſuæ mentientur inimici tui*; cependant avouons qu'ils n'en impoſent que parce qu'ils enveloppent dans leurs accuſations indiſtinctes, tous ceux que l'habit religieux décore: oui, s'il eſt vrai qu'il exiſte des Religieux dignes de l'être, il faut convenir auſſi qu'il en eſt qui déshonorent la sainteté de leur état, qui ſont coupables eux-mêmes des imputations odieuſes qu'ils attirent, & qui brûlent de voir tomber les portes de ces retraites qu'ils abhorrent. Téméraires, pourquoi les avoir franchies? étoit-ce l'eſprit de Dieu qui vous animoit? le cherchiez-vous dans ces aſyles? Non, non, infortunés, vous n'avez pris conſeil que de vous-mêmes, vous ne cherchiez que vous & vous avez ourdi la trame de vos malheurs. Ah!

Pſal. 65, v. 2.

n'en doutez point, mes cheres Sœurs, avoir Dieu pour principe, avoir Dieu pour fin, voilà les deux caracteres auxquels vous devez reconnoître si le Ciel vous appelle, & c'est leur rareté qui fait la rareté de la vocation à l'état religieux. Quand on quitte le monde pour embrasser la vie retirée des cloîtres, rien de plus ordinaire que de se croire inspiré par la Divinité. On sait que l'Etre Suprême emploie, selon sa volonté, les moyens les plus extraordinaires pour rompre les liens qui nous attachent au Siècle, qu'il se plaît à former des vases d'élection de ceux que l'on croit réprouvés, & l'on s'imagine être, au moment où l'on se décide, précisément dans les circonstances que l'Eternel a fixées dans ses décrets, pour opérer sur nous des merveilles, Hélas! combien voyons-nous de victimes malheureuses de ces chimériques illusions!

Pour vous, mes cheres Sœurs, éprouvées depuis plusieurs années dans cette maison austere, vous aurez appris à discerner les influences du Ciel de celles des passions; j'aime à me persuader que vous êtes trop éclairées pour confondre la sollicitation de Dieu avec les prestiges du Démon.

Vous n'appellez pas, sans doute, vocation divine, celle d'une ame qui, frappée de la mort d'une personne chérie, vient dans la solitude plutôt pleurer l'objet qu'elle adoroit dans le monde, qu'adorer le Maître du monde.

Vous n'appellez pas vocation divine, celle d'une ame qui, brûlant pour une autre créature, de cette fièvre ardente que l'on nomme amour,

& courroucée de l'ingratitude de cet objet aimé, croit, en ſe ſéparant de lui, effacer l'image dont elle porte l'empreinte, & vient, au lieu d'abattre ſon idole, le placer ſur l'Autel à côté de ſon Dieu.

Vous n'appellez point vocation divine, celle d'une ame qui, plongée dans les plaiſirs, & ſe les voyant tout-à-coup enlevés par la perte d'une fortune qui lui fourniſſoit les moyens de les multiplier, veut échanger ſes voluptés perdues contre celle que le Cloître procure.

Vous n'appellez point vocation divine, celle d'une ame qui gémiſſant dans l'indigence, ou incapable de faire ce que l'on appelle un chemin dans le monde, va ſe jetter dans un Monaſtere, où elle ſait trouver une aiſance honnête, une égalité de rang à laquelle elle ne pouvoit aſpirer dans le ſiecle, & une eſtime même de ce monde qu'elle ne fait que ſemblant de quitter.

Vous n'appellez point enfin vocation divine, celle d'une perſonne qui, eſclave de ſes parens, tourmentée par une marâtre, croit plutôt ſe ſouſtraire à leurs fureurs en entrant en religion, que faire le moindre ſacrifice à ſon Dieu : ou qui, nullement libre dans ſon choix, eſt plutôt victime de la violence, que victime de la religion.

Mais vous appellez vocation divine, celle qui pénetre l'ame qu'elle décide, qui lui fait entendre cette douce voix qui l'appelle à la ſolitude pour l'inſtruire : *Ducam eam ad ſolitudinem & loquar ad cor ejus* ; qui, lui inſpirant un détachement ſincere de tout ce qui exiſte, lui fait ſentir le vuide des biens momenta-

Oſée, c. 2, v. 14.

nés de la nature, la beauté d'une union sain e avec Dieu, & lui fait abandonner, par raison, des biens qu'elle doit tôt ou tard quitter, par nécessité, ou qui, si elle ne fait rien sacrifier parce que l'on n'a rien, fait au moins sacrifier l'affection d'avoir. Telles furent les vocations de S. Pierre & de son frere, qui, ne possédant qu'une barque & des filets, appanage de la pauvreté, firent cependant un sacrifice réel en
Math. c. 19 v. 27. les abandonnant pour suivre le Seigneur : *Ecce nos reliquimus omnia.*

Je dis plus, mes cheres Sœurs, vous ne vous contentez pas de cette vocation que Dieu veut bien inspirer; mais vous voulez encore qu'elle ait Dieu pour fin.

Peu de personnes se forment une idée juste de la vie religieuse; les unes, ennemies de cet état saint, ou prévenues contre lui, le peignent avec les couleurs les plus noires. Sous leurs pinceaux, le Cloître eſt une priſon auſtere, environnée de toutes parts de murs inacceſſibles, où l'on ne connoît que par reſſouvenir, les agrémens réſervés à l'humanité; le voile eſt un joug inſupportable qui accable celles qui le portent; les cellules ſont des ſépulcres ouverts où l'on deſcend dès l'âge le plus tendre, pour s'enſevelir avec les morts; la Terre que l'on foule dans ces retraites obſcures, eſt un déſert horrible où il ne croît que des ronces, où l'on marche ſur les ſerpens; & le ſilence qui y regne eſt celui des tombeaux.

Les autres, enthouſiaſtes de cette vie ſacrée, trempent leurs pinceaux dans des couleurs préparées par les ſens; leurs brillans tableaux repréſentent ces ſolitudes embellies par la nature, perfectionnées par l'art; les perſonnes qui les habitent, plus libres que jamais, ſont exemptes des peines, des ſoins & des inquiétudes pour leſquelles l'homme ſemble né; rien ne leur manque, tout leur rit, tout leur ſuccède ſuivant leurs déſirs : ils ont quitté les douceurs de la maiſon paternelle, les embraſſemens de leurs parens & de leurs proches; mais ils ont des milliers de maiſons dont ils peuvent diſpoſer; autant de peres que de ſupérieurs, autant de parens que d'êtres qui reſpirent avec eux ſous les mêmes loix; la paix & la tranquillité regne dans leurs demeures agréables, ils n'ont plus à craindre les chagrins & les revers, ils coulent des jours heureux, & ces retraites ne ſont ſéparées du reſte

Bourdal. penſees.

des villes, que pour receler plus facilement le vrai bonheur dont elles jouiſſent.

Trompées par ces peintures impoſantes, combien de jeunes perſonnes ont fui loin du Cloître, à la ſeule idée duquel elles frémiſſoient, ou ſe ſont jettées légerement dans ſon ſein! les premières n'ont pas ſenti que l'état de la perfection ne devoit point être un tourment; & les ſecondes, trop ſenſuelles, qu'il ne devoit pas être un état de délices.

Mais que doit-on donc chercher dans ces aſyles? Je l'ai dit d'après vous, mes cheres Sœurs, c'eſt Dieu: Dieu ſeul eſt l'objet qui doit fixer votre vue. Rejettez toutes ces idées fauſſes que le monde fabrique d'après les impreſſions de ſon cœur, & non d'après la vie religieuſe qu'il ne connoît pas. Ne redoutez point le ſacrifice auquel vous êtes diſpoſées, ſi vous avez Dieu pour objet; mais ne le conſommez pas ſi Dieu ſeul n'eſt pas le but de vos déſirs. A Dieu ne plaiſe que dans la chaire de vérité, revêtu moi-même des habits de la religion, je me joigne à la troupe audacieuſe de ces mortels effrénés, qui vomiſſent des calomnies contre cet état ſaint, ou qu'empruntant à votre égard le langage dangereux de la flaterie, j'aille vous ſéduire & vous engager dans une carriere dont vous n'auriez pas plûtôt goûté les amertumes, que vous maudiriez votre ſort & celui qui vous auroit trompées. Mais quoi, la profeſſion religieuſe n'auroit-elle donc aucune douceur? Ah! ſans doute elle en a; mais ſes douceurs ſont l'abnégation chrétienne, la mortification des ſens, la perfection du dévouement évangélique; en un mot, ſes douceurs ſont celles de la Croix. Oui; je vous prends à témoin, chœur précieux de Vierges qui m'environnez, vos douceurs ne ſont-elles pas dans vos peines ? N'appellez-vous pas douceurs cette connoiſſance intérieure que vous avez, que tous ces déſirs, ces volontés que vous immolez, ſont pour vous des germes de ſalut ? N'appellez-vous pas douceurs, les ſoins pénibles que vous rendez à l'humanité, & quand, avec une force ſupérieure à celle de votre ſexe, vous vous promenez entre des morts; quand vous ſoutenez entre vos bras ces ſpectres languiſſans que la fièvre dévore, plus effrayans que des morts mêmes, parce qu'ils ſont encore animés; quand vous triez dans un lit, celles de toutes ces maladies rassemblées qui demandent les plus prompts secours, ou quand, traitant un de vos semblables d'une contagion qui le consume, vous la sentez se glisser dans vos veines, toutes ces peines ne sont-elles pas pour vous des douceurs, & ne sont-ce pas même les seules que vous puissiez compter? J'y ajouterai cependant cette tranquillité inexprimable d'une conscience sans reproche, d'une ame sans remords, & cette flateuse consolation, lorsque vous pouvez ensevelir, au lieu d'un ennemi de la religion que vous avez reçu, un Catholique qui vous doit son bonheur, & qui, en rendant le dernier soupir, bénissoit le Seigneur de l'avoir conduit dans vos mains.

Ces douceurs, je l'avoue, sont inconnues à ces ames communes qui resserrent leurs espérances dans les bornes étroites de la vie ; elles pensent que cette peinture véritable du Cloître est plus capable d'éloigner, que d'attirer celles à qui je la présente ; mais il en est autrement de vous, mes cheres Sœurs, & c'est précisément la multitude de ces mortifications qui vous encourage & qui fixe vos résolutions.

Tranquilles & n'ayant que Dieu pour guide, vous avez parcouru les différentes conditions des hommes ; vous avez vu dans l'union sainte du mariage, une source intarissable de plaisirs & de graces ; mais vous vous êtes en même tems apperçues que les soins d'une famille naissante, l'art de plaire à celui que l'on choisit pour époux, divisent l'ame, & vous avez mieux aimé la donner toute entiere à Jesus-Christ :

1. Epist. ad Cor. c. 7, v. 34. *Quæ nupta est cogitat quæ sunt mundi, quomodo placeat viro; mulier autem innupta & virgo cogitat quæ Domini sunt, quomodo sit sancta corpore & spiritu.*

Vous avez apprécié la paix trompeuse & fausse des habitans de Cédar; vous n'avez point reconnu en elle les caracteres inséparables de celle de Jesus-Christ; vous saviez que la paix que ce divin Maître étoit venu donner aux hommes, n'étoit point une paix oisive, molle, mere de toutes les commodités de la vie; mais une véritable guerre: S. Mat. c. 10, v. 34. *Non veni mittere pacem, sed bellum*; guerre contre les passions, guerre contre l'orgueil, guerre contre la concupiscence, *bellum*; & c'est cette guerre pour laquelle vous avez pris les armes de la Religion, & qui fait la seule paix à laquelle vous soupirez sur la terre.

Vous avez sondé toute la profondeur & mesuré l'étendue de cette liberté si chere aux hommes, de cette liberté qu'ils se font gloire de posséder, & vous avez cru pouvoir en faire un glorieux échange avec celle du Cloître, dont la charité fait le seul esclavage : *Libera servitus*, dit S. Augustin, *ubi non necessitas, sed charitas servit.* S. Aug. in Psal. 99.

Vous avez fixé ces biens que le monde desire, que le monde estime, qui sont les seuls mobiles du monde ; & persuadées, comme S. Bernard, qu'ils souillent l'ame qui s'attache à eux, qu'ils sont plus à charge qu'ils ne servent, que les œuvres méritoires que vous en pourriez faire, seroient diminuées par la néceſſité de ſubvenir à vos beſoins, vous leur avez préféré cette pauvreté riche qui vous donne toutes les reſſources pour ſecourir la fragile humanité.

Que dis-je ? Entre les différentes Maiſons qui pouvoient faire balancer votre choix, cette idée ſeule vous a déterminées; vous n'avez pas vu ſans une émotion tendre, la grandeur d'ame de ces êtres privilégiés, qui, dans leurs Cloîtres, comme ſur des rochers aux pieds deſquels vient écumer la mer, levent leurs mains pures vers le Ciel pour détourner les orages, obtenir la tranquillité des flots & la vie de ceux que les vagues ont entraînés avec elles; mais vous avez préféré la noble hardieſſe de cette autre troupe heureuſe qui n'eſt placée ſur ces autres rochers opposés, que pour épier les malheureux qui luttent contre la mort, & se précipiter dans les flots pour les rappeller à la vie ou partager quelquefois leur sort.

Oui, je le vois avec plaisir, mes cheres Sœurs, vous n'avez, en entrant dans cette Maison, écouté que la voix de votre Dieu qui vous appelloit pour vous consacrer à lui ; c'est lui que vous avez vu dans ces mortifications, qui n'ont été que le prélude de celles qui vous sont destinées, & dont, sans crainte, vous voyez les approches ; c'est lui que vous avez vu dans cette humanité chancelante dont les soins vous étoient confiés, dans ces malheureux que vous n'avez cessé de presser entre vos bras, que pour venir jurer à Dieu de les secourir encore.

Dignes émules des Priſcille, des Marie & de ces autres perſonnages fameux que S. Paul appelle ſes coopérateurs ; émules de Fabiole & de ces dames Romaines dont S. Jérôme croyoit à peine ébaucher le mérite dans les éloges les plus éclatans, il ne me reſte plus rien à vous dire ; l'Eternel a parlé : vous avez reconnu ſa voix & vous avez commandé vous-mêmes les préparatifs du ſacrifice dont il vous a déſigné les victimes. Ah ! Seigneur, agréez ſeulement ce ſacrifice, ou plutôt conſommez celui que vous avez commencé : *Con-*
Pſal 67. v. 29 *firma hoc, Deus, quod operatus es in illis*. Je vois déjà les Cieux s'ouvrir, les Anges enlacer des couronnes, les pauvres courbés ſous le poids des bienfaits qu'ils ont reçus de vous, les préſenter au pied du trône du

Tout-Puiſſant, comme autrefois en faveur de la veuve Tabithe ; je vois ce voile myſtérieux encore trempé du ſang de Jeſus-Chriſt que l'on vient d'immoler, prêt à couvrir vos têtes ; je vois la bénédiction céleſte ſanctifier votre union admirable avec Dieu, union dont le Prêtre va recevoir les engagemens ſolemnels, union dont je ſuis incapable de rendre les douceurs : *Unde ſufficiamus ad enarrandam felicitatem illiûs matrimonii quod Eccleſia conciliat, confirmat oblatio, obſignat benedictio, Angeli renuntiant, Pater ratò habet.* Tertul. ad Uxor.

Il en eſt de même de vous, Chrétiens ; il ne me reſte plus rien à vous dire : irois-je, en effet, vous ſolliciter à venir dans cette enceinte imiter ces héroïnes de la Religion ? Mais la grace qui les appelle n'eſt point de ces graces ordinaires : *Non omnibus datum eſt* ; irois-je vous engager au moins à répandre votre ſuperflu dans le ſein de ces pauvres dont elles vont panſer les plaies ? Mais à la vue de ces ſalles d'où le cri de la douleur ſe fait entendre juſqu'à ce Sanctuaire, ſi vos cœurs ne ſe ſont point attendris, & ſi vous n'avez pas confié aux témoins muets de la charité, au moins le denier de la veuve, que feroient mes diſcours ?

Pour nous, Miniſtres des Autels, & vous, habitantes ſacrées de ce ſéjour, mêlons enſemble nos accens, faiſons éclater nos tranſports, entonnons un cantique de louanges en l'honneur de ce Dieu qui opere aujourd'hui tant de merveilles : *Can-*
Pſal. 97, v. 1. *tate Domino canticum novum, quia*

mirabilia fecit. Célébrons la force & la bonté avec laquelle il a attiré vers lui ces filles infortunées d'un pere coupable : *Salvavit dextera ſibi ejus, & brachium ſanctum ejus.* Ib. v. 2.

Les ennemis de ſon nom calomnieront en vain ſa puiſſance & ſa juſtice ; le ſacrifice qu'il commande & qu'il reçoit en ce moment les font aſſez connoître : *Notum fecit Dominus ſalutare ſuum, & in conſpectu gentium, revelavit juſtitiam ſuam.* Ib. v. 3.

Inſtrumens deſtinés à ſon honneur, & vous, Elémens, faites retentir l'air de vos concerts : *Jubilate Deo in citharâ, flumina plaudent manu*, & n'interrompez votre harmonie que pour nous laiſſer entendre cet engagement ſolemnel qui attirera ſur ces heureuſes victimes le jugement favorable que Dieu réserve au juste: *Judicabit populos in æquitate.*

SERMON

PRÉCHÉ

A L'HOTEL-DIEU DE PARIS,

Le 12 Octobre 1779,

A LA PROBATION

DE Mlles Antoinette MAURY, *dite* SAINT-SIMEON, & Françoise MAURY, *dite* DE LA TRINITÉ.

SERMON
DE PROBATION,
POUR L'HÔTEL-DIEU.

Nolite omni Spiritui credere ; sed probate utrum Spiritus ex Deo sint.

Ne croyez pas à tout Esprit; mais éprouvez si ces Esprits sont de Dieu.

Dans l'Epître 1. *de S. Jean*, Ch. 4, ℣. 21.

CE n'est pas, sans doute, mes cheres Sœurs, sur la Cérémonie passagere qui nous rassemble en ce moment, qu'il me faut vous entretenir : à l'instant où je parle, elle est, pour ainsi dire, terminée, & vous avez dû connoître ce qu'elle contenoit de myſtérieux avant de vous préſenter devant le Miniſtre du Tout-Puiſſant. Il eſt un objet bien plus intéreſſant à vous faire enviſager. Cette Cérémonie n'eſt que l'annonce d'une autre. Le Voile qui va couvrir vos têtes ne différera de celui que vous portez, que pour vous avertir chaque jour que le moment de votre ſacrifice approche, ſacrifice d'autant plus terrible que de lui dépendent & le bonheur de votre vie & votre ſalut éternel.

Ne vous imaginez pas, cependant, mes cheres Sœurs, que je vous faſſe l'injuſtice de croire que ſans moi, vous ne réfléchiriez point, pendant le cours de l'année qui vous reſte, à cet engagement indiſſoluble auquel vous devez vous préparer. Ah ! quand la légereté de la jeunesse vous détourneroit de ces pensées salutaires, l'air épais de cette Maison de douleurs, le dégoût qu'inspire à la nature, la nature souffrante & couverte de plaies, chacune des mortifications que vous auriez à éprouver, les feroient naître ; mais en vous occupant de votre sacrifice futur, il est des idées qu'il faut rejetter, il en est d'autres que vous ne sauriez approfondir avec trop de soin. L'Esprit de ténebres se transforme souvent en Ange de lumiere ; l'illusion alors est à redouter.

Epist. 2. Cor. 11 14.

C'est contre ces illusions, mes cheres Sœurs, que je viens aujourd'hui vous prémunir. C'est pour que vous ne soyez point les victimes de votre bon cœur ou de votre foiblesse, au lieu d'être les victimes de Jesus-Christ, que j'ai accepté de monter dans cette Chaire.

Une fausse idée du Cloître peut vous tromper, comme une fausse idée du Monde. De toùs côtés vous pouvez être le jouet des illusions : le but de mon discours est de vous les indiquer, & mon plan de les combattre.

Vérité, auguste Vérité, descendez du sein de Dieu votre asyle : dissipez les ténebres qui nous couvrent : répandez votre lumiere sur moi. Je parle au nom de Dieu : que je sois votre organe ! Que ces jeunes Vierges vous trouvent & vous reconnoissent dans mes paroles !

Esprit Saint, animez-les ces paroles : qu'elles pénétrent jusqu'au fond des cœurs de celles qui m'écoutent ! Qu'elles soient toujours présentes à leur mémoire !

Et vous , Vierge Sainte , Modele des Vierges & leur Reine dans les Cieux, obtenez-moi de votre Fils cette éloquence de feu qui éclaire , conduit & embrase tout-à-la-fois les ames.

Ave , Maria.

ON pourroit , sans crainte , adresser de nos jours à bien des jeunes personnes qui se disposent à entrer dans les Cloîtres, les paroles que Saint Bernard (*a*) adressoit autrefois à une fille simple, outrée dans

(*a*) *Denique ut ex illâ jam Evangelicâ partitione omnem tibi auferam tui excusationem erroris , aut de fatuis Virginibus una es (si tamen Virgo es) aut de prudentibus. Si de fatuis , congregatio tibi necessaria est, Si de prudentibus tu congregationi.*

S. Bernard. *Epist.* 115. p. 216. c. fol. edit. Paris, 1561.

sa dévotion, qu'un zele téméraire portoit non-seulement à quitter le monde, mais à s'ensevelir au fond des forêts les plus sombres & les plus désertes; « vous êtes » du nombre des Vierges sages ou » vous n'en êtes pas : si vous n'en » êtes pas, votre état est incom- » patible avec la solitude, & la So- » ciété vous est nécessaire : si vous » en êtes, les autres ont besoin » de vous, & vous êtes nécessaires » à la Société ».

Il est certain, en effet, que quoique la Vie Religieuse soit un état saint, établi par Jesus-Christ, autorisé par son Eglise, le comble de la perfection évangélique, il n'est point destiné indifféremment à tous les hommes. Et tel se perd dans un Cloître, qui se fût sauvé dans le monde.

Combien n'eſt-il point de victimes de leur témérité, qui gémiſſent en ce moment dans la ſolitude, & ſe tourmentent par les idées qu'elles ſe forgent du monde où elles ne peuvent plus rentrer, idées d'autant plus belles qu'elles le connoiſſent moins ? La piété les a conduites dans ces aſyles ; mais la piété ſi utile, ſi eſſentielle à l'homme, quand, ſuivant le Précepte de l'Apôtre, elle ſe renferme dans de juſtes bornes, lui devient pernicieuſe, & ceſſe même d'être la piété, lorſqu'elle ſort des limites que lui a fixées l'Eternel. Aveuglé par un faux zele, l'homme court vers tous les objets où la moindre apparence de bien ſe rencontre. Une jeune fille, connoiſſant d'autant moins le danger des illuſions, qu'elle a été élevée d'une maniere

Epiſt. ad Rom. c. 12. v. 3.

plus ſainte, ſe laiſſe emporter par ſon ardeur, par un zele inconſidéré, & ſéduite par la fraîcheur & le coloris des Tableaux du Cloître qu'on lui préſente, vole s'enchaîner à jamais dans ces retraites : l'épreuve que l'on exige eſt courte : rien n'eſt plus rapide que le tems, ſur-tout, quand l'attention à remplir de nouveaux devoirs avec ſcrupule lui donne encore des aîles : le charme dure pendant ce court eſpace : le voile ne ſe déchire, que lorſque l'engagement eſt irrévocable, qu'il n'y a plus de remede, & loin de trouver alors, en ces demeures ſacrées, le bonheur & le ſalut, elle moiſſonne *l'infélicité* qu'elle avoit ſemée, ſans s'en appercevoir, & recueille la réprobation & la mort éternelle.

Prov. c. 22. v. 8.

Les circonſtances dans leſquelles vous vous trouvez , mes cheres Sœurs , diminuent à la vérité mes craintes à votre égard : ſemblables à ces couleurs tendres & brillantes , qui dorent les bords de l'horiſon à l'approche d'un beau jour , elles font naître dans mon cœur les plus douces eſpérances.

Iſſues toutes deux du même ſang, Sœurs dans l'ordre de la nature , avant de l'être dans l'ordre de la grace , vous venez des confins de notre Royaume (*a*) pour vous conſacrer à Dieu, dans le lieu le plus horrible , que la Religion puiſſe offrir à la nature : vous venez prêter à l'Humanité ſouffrante les forces que vous avez reçues du Créateur ; vous avez vu couler , ſans vous

---

(*a*) Les deux Novices ſont nées au fond du Querci.

laiſſer fléchir, les larmes d'une famille raſſemblée pour vous faire les plus tendres adieux ; vous avez mépriſé les regrets du monde qui gémiſſoit de votre perte. Les ſacrifices que vous avez déja faits, me raſſurent ſur celui qui vous reſte à faire.

La mort d'un Pere chéri, annoncée ſans ces menagemens que l'homme procure ordinairement à la foibleſſe (*a*) de l'homme, ſans la connoiſſance même d'une maladie qui prépare inſenſiblement aux événemens les plus triſtes, & en affoiblit les rigueurs, ne vous a pas rapellées près d'une mere tendre qui déſiroit, en perdant ſon Epoux, le revoir dans ſes enfans.

Le coup fatal qui frappa ſi cruel-

(*a*) Elles ont perdu leur Pere, pendant les premieres années de Noviciat, qui eſt de ſix ans.

lement cette (*a*) Supérieure qui guida vos premiers pas dans cette Maiſon & qui vous ſervoit de Mere, ne vous a point ébranlées.

Telles que ces Pins ſuperbes, l'ornement de nos Forêts, qui paroiſſent inſenſibles aux orages, & ſemblent menacer les nuës, au moment même où la foudre vient d'abbattre quelques-uns de leurs rameaux, vous avez vu avec la fermeté la plus héroïque tomber autour de vous les têtes les plus cheres.

Mais cette force, ce courage dont je vous vois revêtues, mes cheres Sœurs, les devez-vous à la Religion? Un zele aveugle devenu paſſion violente, a plus d'une fois fait faire à l'homme des actions incompréhenſibles, & ſi la Religion a eu ſes Martyrs & ſes Con-

(*a*) La Maitreſſe des Novices, morte quelque mois avant.

feſſeurs , on ſait que la ſuperſtition & la folie ont eu les leurs. Vous pourriez donc encore ſoutenir de ſemblables attaques, gagner pluſieurs victoires, prendre ſur l'Autel de ce Sanctuaire, en face du monde lui-même, le Voile de la Religion, & cependant n'être point appellées à cet état, n'être pas les véritables Epouſes de Jeſus-Chriſt.

Ecoutez donc, écoutez, mes cheres Sœurs, ce que le Ciel m'ordonne de vous dire. Fixez avec attention le Tableau que je vais vous préſenter, voyez-les avantages du Cloître, voyez ce que vous avez à y craindre, & que ces derniers objets ſoient ceux de vos plus fréquentes réflexions.

Lorſqu'un Athlete, autrefois, devoit paroître dans la carriere des

Jeux ; au milieu d'une multitude innombrable de Spectateurs assemblés pour les Fêtes publiques, il essayoit secretement ses forces, ne s'exposoit au grand jour, & ne risquoit jamais le combat, que lorsqu'il se croyoit capable de soutenir les assauts de son Adversaire & de le vaincre.

Un homme sage, dit l'Esprit Evang. S. Luc, c. 14. v. 28.
Saint, ne fait point l'entreprise d'un Edifice sans calculer les fonds qui doivent y être employés, & sans la certitude de les avoir. Telles doivent être aussi vos dispositions, mes cheres Sœurs, pendant la seule année qui vous reste, jusqu'à la consommation de votre sacrifice. Pendant, ce tems, assurément bien court, il vous faut plus d'une fois soulever le fardeau que vous aurez à porter, il faut essayer vos forces,

pour voir si vous serez assez robustes pour en soutenir le poids.

Je sais bien que la Vie Religieuse a des attraits; mais, ce sont ces attraits même qu'il faut redouter; quel objet pourroit séduire, s'il n'étoit embelli de quelques appas?

Oui, sans doute, rien n'est plus avantageux que le Cloître, pour ceux que le Seigneur y appelle. Le Cloître alors, est semblable à ces rochers secourables où l'homme, échappé du naufrage, se voit porté par une vague bienfaisante, & d'où il peut sans crainte entendre le bruit des flots, les voir se précipiter inutilement sur son asyle, & retomber en écume: il est comme ces montagnes escarpées, d'où l'on entend le Tonnerre gronder, & les Orages rouler au-dessous de soi. On y contemple la sérénité

Chrisos. liv. 3. adv. vitup. vitæ, mon.

des Cieux, on y goûte l'air le plus pur, & l'on n'y redoute aucune contagion.

C'eſt dans ces heureuſes retraites que regne l'innocence : c'eſt-là que cachée dans le ſecret de la face de Dieu, ſelon l'expreſſion de David, une ame ſainte eſt ſans ceſſe portée à la piété par tous les objets qui l'environnent. Ici, c'eſt un Autel qu'elle voit, où domine un Tabernacle ſacré, la demeure particuliere de ſon Rédempteur. Dans cet endroit, ce ſont les oſſemens d'un Martyr, qui a triomphé des Tyrans, & eſt mort pour faire vivre la Religion. Dans cette enceinte ſont les dépouilles vénérables d'une Vierge qui a fait d'elle-même une Holocauſte agréable au Seigneur. De toutes parts, elle apperçoit des Croix qui lui rappellent le précepte de la porter.

De tous côtés, elle voit des exemples précieux qui la ſoutiennent, l'encouragent, l'entraînent. Le ſcandale ne paroît jamais dans ces lieux, ou diſparoît auſſi-tôt. Les jours ſemblent trop courts pour les occupations qui les diviſent. Les heures, dans leur courſe uniforme, ramenent ſucceſſivement & les travaux & la priere; les travaux qui banniſſent l'oiſiveté, cette mere de tous les vices, qui donnent de nouvelles forces aux corps que la pareſſe languiſſante affoibliroit : la priere, ce commerce admirable de l'homme avec ſon Dieu, qui attire ſur la terre la bénédiction des Cieux, & dont on ne peut méconnoître les avantages, ſans ingratitude.

C'eſt en ces lieux que les fautes dont on ſe rend coupables, ſuites malheureuſes de la fragilité humaine, s'effacent avec d'autant plus de facilité que la vie que l'on y mene est une pénitence continuelle, pénitence agréable, qui loin d'irriter les cœurs, les attache d'avantage à leur Dieu.

C'est en ces lieux, qu'au milieu de la paix & du calme, on s'abandonne aux suaves impressions de la grace, on chérit, on pratique la la vertu, sans respect humain & sans crainte. Les occupations les plus variées & les plus bruyantes n'y altérent point le calme des cœurs.

Oui, dans cette Maison même où l'écho le plus triste répète sans cesse les cris des malheureux qu'elle renferme, où les accens les plus douloureux se communiquent de Salle en Salle, rien ne trouble la paix intérieure des Vierges qui l'habitent

Toutes leurs actions sont autant de prieres : elles prient, en présentant à un malade la boisson qui lui est destinée, & dont elles lui adoucissent l'amertume par les consolations qu'elles lui donnent. Elles prient, quand elles préparent le lit qui doit recevoir d'autres infortunés. Elles prient, en appaisant le trouble qui agite cet homme aux approches de la mort. Et si l'émotion la plus vive pénétre leur cœur, lorsque les douleurs les plus aiguës arrachent des cris à ceux qu'elles soignent : cette émotion ne diminue point leur tranquillité : c'est l'émotion de l'humanité : c'est cette vertu de la nature perfectionnée par la grace, & que la Religion appelle compassion, charité !

Sous ce point de vue, les Cloîtres

ſont donc l'aſyle de la paix & du bonheur, & peuvent ſéduire juſqu'aux Ames pieuſes. Ils ont encore des attraits même pour les Ames charnelles.

Dans une retraite religieuſe, combien l'homme ne trouve-t-il pas d'agrémens flatteurs. Les inquiétudes de la vie ne le tourmenteront plus. L'idée du lendemain ne troublera point ſon ame. La gaieté demeure dans ces aſyles. Quelques devoirs à remplir, une nourriture frugale mais ſaine, un abri contre les viciſſitudes des ſaiſons, contre les révolutions de la fortune, en un mot, un bon parti, comme dit le monde, une route de fleurs qui conduit ſans peine au ſéjour d'une inaltérable félicité, voilà ce que ſouvent on ſe promet dans les Cloîtres, & ces derniers appas ont ſéduit bien plus d'Ames encore que les attraits des avantages qu'ils procurent pour l'Eternité.

Mais il eſt un autre point de vue, ſous lequel il faut enviſager le Cloître, avant d'en embraſſer à jamais la vie, & c'eſt celui que je vais vous préſenter.

La vie du Cloître, eſt une vie de ſacrifice. On doit y être dans un état de victime. C'eſt une vie d'abnégation, on y eſt enchaîné par des vœux irrévocables : ce n'eſt plus ſimplement la vie du chrétien, ce doit être la vie de l'homme parfait : elle n'eſt point bornée à la pratique des préceptes, elle s'étend juſqu'à celle des conſeils. Voilà, mes cheres Sœurs, le point de vue ſous lequel vous devez conſidérer le Cloître, voilà les obligations dont vous devez ſonder l'étendue.

Oui, la vie religieuſe eſt une vie de ſacrifice, eh! qui pourroit en douter? ſéparée de tous les objets qui flattent les ſens, ſatisfont les penchans de la nature, enlevée, pour ainſi dire, à la vie par la privation volontaire de toutes les facultés de l'Ame, immolée par un glaive ſpirituel, dans le Temple du Seigneur, ſur les degrés de ſon Autel, que reſte-t-il à une Religeuſe, que de ſe conſumer par l'amour pour ſon Dieu, & ce feu dont elle doit brûler, ne forme-t-il pas d'elle l'Holocauſte le plus parfait? Ah! ſans doute, dit S. Gregoire, *ſacrifier à Dieu, ſes biens, ſes plaiſirs & la vie même, c'eſt un véritable Holocauſte.*

Homel. 20 in Ezechi.

Il l'eſt d'autant plus que l'engagement contracté, que les Vœux de Religion ſont irrévocables, &

qu'ils nous mettent comme dans
Deuter. c 23. v. 21 & s. un état de mort. *Si un homme a fait un vœu au Seigneur* , dit l'Esprit Saint , *il ne manquera point à sa parole ; mais il accomplira tout ce qu'il a promis.* Et
Ad Colos. c. 3. v. 3. comme s'exprime l'Apôtre : *il est mort, & sa vie est cachée en Dieu avec Jesus-Christ.* N'est-ce pas en effet, une véritable mort que de n'avoir plus à soi de volonté, de corps, de possessions ? Or, c'est cette abnégation que nécessitent les Vœux de Religion.

Le Vœu d'Obéissance enleve à l'homme le libre exercice de sa volonté. La Loi & ses Supérieurs lui montrent ce qu'il doit vouloir, & comment il doit vouloir.

A Dieu ne plaise, que l'homme obéisse à son semblable, comme la brute que le Créateur a destiné à ſon ſervice; mais toutes les fois que l'ordre eſt donné, s'il n'eſt point contraire à la Loi de Dieu, à celles des Princes légitimes, à l'Humanité, parut-il indifférent, fut-il même affligeant pour la nature, il doit être exécuté.

Le corps n'appartient pas plus à l'Homme Religieux que ſa volonté. Il doit le traiter comme un étranger, comme l'ennemi de ſon ame : il doit le combattre ſans ceſſe, le ſubjuguer par la mortification. Le Vœu de continence lui interdit les moindres plaiſirs, & la pénitence ſeule lui préſente les voluptés dont il le peut laiſſer jouir. Les plus légers déſirs deviennent pour lui des crimes. Il doit mettre un frein à ſa langue, des voiles ſur ſes yeux, & bannir de ſon imagination toute idée profane, tout vain phantôme qui le ſouilleroit.

L'eſprit, le cœur, le corps, tout doit être de concert pour conſerver, au Créateur de l'ame & de la chair, la virginité qu'on lui a vouée.

Le Religieux ne poſſéde plus rien en propre. Le Vœu de Pauvreté le ſépare des biens, au milieu deſquels la nature l'avoit fait naître. Un ſeul déſir, un ſeul regard jetté ſur eux, ſouille l'ame. En faire de ſecrettes réſerves c'eſt imiter
Act. c. 5. v. 5. Ananie & Sapphire ; c'eſt mériter
10. leur punition. Solliciter des dons
Reg L. 4. c. 5. étrangers, c'eſt courir comme Giezi
v. 4. après de riches Naamans, & attirer ſur ſoi la lepre du péché.

Enfin, après la ſolemnité de ſa Profeſſion, le Religieux doit pouvoir dire au Seigneur, comme l'Apôtre : « tous les jours, ô mon Dieu ! » nous ſommes livrés à la mort pour » vous, & nous ſommes regardés » comme des victimes que l'on im» mole. *Sicut oves occiſionis* ».

Epiſt. ad Rom. c. 8. v. 36.

Et vous, ſur-tout, mes cheres Sœurs, vous qui ajouterez à ces Vœux un autre Vœu, celui de ſécourir l'Humanité ſouffrante, n'aurez-vous pas avec plus de raiſon encore le nom de victimes du Seigneur ?

Ah ! quand vous vous expoſez aux maladies les plus cruelles, avec la plus grande intrépidité ; quand vous ſoignez ces infortunés dévorés par ce mal terrible qui arme quelquefois les Souverains, comme s'ils alloient marcher en guerre contre les ennemis de l'Etat ; quand vous rendez aux morts les derniers devoirs, malgré l'air contagieux, & l'odeur fétide que leurs corps exhalent, n'êtes-vous pas des victimes, & des victimes, non pas immolées une fois, mais immolées à chaque inſtant de votre vie ?

Qu'étoient donc, ſi elles n'étoient pas des victimes, ces généreuſes Vierges qui vous ont précédées dans cette Maiſon, dont les cendres reſpirent encore l'humanité, & que l'hiſtoire nous apprend avoir toutes péri, pour ſecourir leurs freres : qui ſe renouvellerent deux fois pendant l'eſpace le plus court, dans un tems où la contagion dépeuploit cette Capitale, dans un tems, où, pour ne point effrayer le reſte des vivans, les pompes funèbres étoient interdites, où les derniers dépôts des corps des hommes les plus étendus, devenoient ſi reſſerrés par la multitude des morts, qu'on fut obligé de déſigner au-delà des murs de la Ville, cette Terre qui couvre encore de nos jours les triſtes dépouilles de ceux qui expirent entre vos bras (*a*) ?

Oui, ſans doute, elles étoient des victimes, & vous le ſerez comme elles,

---

(*a*) Pendant plus de la moitié de cette année & de la ſuivante, Paris fut affligé d'une grande mortalité, cauſée par une maladie épidémique qui étoit paſſée d'Italie en France, où elle fit d'étranges ravages. Le mal commençoit par une tumeur ſous les aiſſelles ou dans l'aine, & emportoit tous ceux qui en étoient attaqués, en deux ou trois jours. On compte que tant que dura la contagion, il périt à l'Hôtel-Dieu plus de cinq cents Perſonnes par jour. Les Sœurs conſacrées à leur ſervice, redoublerent en cette occaſion leur zèle, au depens de leur propre vie; car elles moururent en ſi grand nombre, qu'il fallût renouveller pluſieurs Année 1348.

mes cheres Sœurs, & vous le ſerez à chaque moment de votre exiſtence.

---

fois leur Communauté. Le Cimetiere des Innocens ſe trouva auſſi tout rempli des corps que l'on y portoit ſans ceſſe ; de ſorte qu'on fut obligé de le fermer, & d'en bénir un nouveau hors des murs de la Ville. Celui des Innocens ne fut rouvert qu'en 1351. Le nombre des Habitans fût beaucoup diminué par la mortalité ; ce qui fit qu'un grand nombre de maiſons demeurerent déſertes, non-ſeulement à la campagne, mais encore dans les Villes, & à Paris même, où l'on en vit bientôt tomber en ruine, faute d'être habitées. En un mot, les Mémoires hiſtoriques du tems nous marquent cette contagion comme la plus ruineuſe qu'on eut reſſentie juſqu'alors en France.

Félibien, hiſt. de Paris. Liv. XII. Art. 35. *fol.* Ier. *vol. p.* 601. Voyez *le Continuat. de Guill. de Nangis, p.* 808. Voyez *l'Hiſtoire de France de Velly. Regne de Philippe VI. Année* 1348. *tom.* 8. in-12. *p.* 472.

Cette ſeule idée doit faire naître en vous les réflexions les plus ſérieuſes. Que ſera-ce, quand vous aurez joint, à la vue générale des obligations du Cloître, les détails des déſagrémens particuliers que vous y pourrez rencontrer un jour ?

L'homme eſt homme par-tout, en quittant les habits communs, il ne s'eſt pas dépouillé de ſa nature, & les aſſemblées des Cloîtres, n'étant que les aſſemblées des hommes, vous devez vous attendre à retrouver dans le Cloître les vices & les défauts des hommes. Vous trouverez ici, je le ſais, les plus beaux exemples à ſuivre, les plus beaux modeles à imiter : vous y rencontrerez des Vierges humbles & patientes, remplies de l'eſprit de leur état, qui portent avec gaieté le joug de la Croix ; mais qui vous a promis que vous ne rencontrerez jamais, parmi celles qui pourront venir ſe joindre à vous ; des Caractères difficiles & contrarians ?

Qui vous a dit que ſous le voile de la piété, la calomnie ne viendra pas vous porter ſes coups, interprèter vos moindres actions, interprêter juſqu'à vos infirmités, vouloir rendre reſponſables vos âmes de la foibleſſe de vos corps ?

Qui vous a promis que vous aurez toujours à obéir à des Supérieures incapables de ſe laiſſer prévenir contre vous, dont les ordres, accompagnés de la douceur, ne feront que l'interprétation de vos Loix : humbles malgré leur rang & leur dignité : ſans ceſſe portées à calmer les émotions de vos cœurs:

aſſez habiles pour en bannir le déſeſpoir, pour y faire naître le courage, & qui jalouses, enfin, de vous rendre heureuſes, n'emploieront jamais le fer, que lorſque vous ſerez abandonnées, mais répandront ſur vos plaies, avec indulgence, le vin & l'huile, comme le charitable Samaritain.

Evan. S. Luc c. 10. v. 34.

Qui vous a promis que vous aurez aſſez de force pour ſoutenir toutes ces attaques, tous ces traits de l'Ennemi? oui, de l'Ennemi : car, n'en doutez pas, le Démon ſeul pourra vous ſuſciter une pareille guerre. Ah ! ſi Dieu vous a revêtues de ſa force, s'il a mis ſur vos têtes, en y poſant le Voile, le caſque de la Juſtice, s'il vous a donné le bouclier de la Foi, vous pouvez continuer votre noble entrepriſe, & vous pour rez à la fin de votre épreuve prononcer des Vœux ſolemnels.

Mais ſi Dieu ne vous a point appellées à cet état : ſi, avant de vous engager irrévocablement, vous ne ſentez pas que ce ſoit Dieu lui-même qui ait fait naître dans vos cœurs la penſée d'être ſes épouſes, que ce ſoit lui qui vous ait choiſies, & non pas vous qui ayez voulu vous unir à lui : que l'intérêt perſonnel, des motifs purement humains ne contribuent point à votre déſir : rompez ces fers que le Démon vous prépare : ce ne ſeroit point l'Anneau Nuptial de Jeſus-Chriſt que vous recevriez, ce ſeroit le ſceau de la réprobation : fuyez ces aſyles & rentrez dans le monde : dans le monde il y a des Elus, & peut-être êtes-vous deſtinées à en augmenter le nombre.

Quoi! dans le monde, on se sauve! oui, mes cheres Sœurs, on s'y sauve, & ce n'est point un langage nouveau que je vous tiens : on y court des dangers : le salut y est difficile : mais on s'y sauve. Avant que les Cloîtres existassent, on se sauvoit dans le monde : on s'y sauve depuis qu'ils existent.

Hommes mondains, ennemis des Cloîtres, parce que vous êtes ennemis de la Religion que l'on y pratique ; ennemis des Cloîtres, parce que ces asyles sacrés de l'innocence forment un contraste trop frappant avec vos mœurs déréglées ; ennemis des Cloîtres, parce que, semblables à l'Apôtre Apostat & Déicide, vous voudriez tenir entre vos mains les deniers qui y font subsister les pauvres de Jesus-Christ : ne croyez pas qu'en

prononçant cette vérité je veuille applaudir à vos Syſtêmes deſtructeurs de ces demeures ſaintes, & en conclure leur inutilité : non, ſans doute, quoiqu'on puiſſe opérer ſon ſalut dans le monde, les Cloîtres ne ſont pas inutiles ; ce ſont des retraites reſpectables où Dieu renferme les ames pures qu'il veut retirer de la contagion générale, & qu'il chérit d'une maniere plus particuliere, ces ames généreuſes qu'il ſe réſerve pour completter dans les Cieux cette
Aapoc. c. 14. v. 4. légion pure de Vierges que Saint Jean vit marcher aux côtés de l'Agneau, parce qu'elle ne s'étoit point ſouillée par les plaiſirs de la chair. C'eſt-là que l'innocence trouve un abri contre les vices, & qu'un Pécheur vient récouvrer l'innocence. Je dis plus, les Cloîtres

ſont utiles à la Société, & ce n'eſt pas même entendre les intérêts de la politique humaine, que de conſpirer à leur deſtruction. Mais malgré tous les avantages que l'on y trouve, j'oſe le dire, avec la fermeté que doit avoir un Miniſtre du Tout-Puiſſant, les Cloîtres ne ſont pas faits indifféremment pour tous les hommes, *non datur omnibus*. Et s'il eſt une circonſtance où je doive parler avec franchiſe, c'eſt aſſurément celle-ci, ou de l'expoſé que je fais, doit dépendre le choix & le ſort de celles qui m'écoutent.

Qu'eſt-ce donc que le monde? c'eſt, mes cheres Sœurs, un lieu où l'on remplit les devoirs du Chriſtianiſme; mais un lieu redoutable, où l'on court les plus grands dangers, où l'on rencontre à chaque pas des difficultés pour le ſalut.

Qu'on puiſſe remplir les devoirs de Chrétien dans le monde, c'eſt une vérité inconteſtable : il faudroit être & trop prévenu contre lui & trop prévenu en faveur du Cloître, pour en douter. Hélas! que l'Homme ſeroit donc malheureux, ſi ce n'étoit que hors la Société générale pour laquelle il eſt né, que l'on pût aimer ſon Dieu, le ſervir & gagner le Ciel! Vous ne pourriez donc pas vous ſauver, vous Peres de Famille, qui conſumez votre tems à l'éducation de vos Enfans! En-vain les engageriez-vous à pratiquer les Loix de la juſtice, à être bons Citoyens, bons Epoux & bons Pères; vous ne leur apprendriez alors que l'art pernicieux de ſe perdre à jamais.

Vous ne travailleriez donc pas pour le Ciel, vous, Femmes pieuſes , qui, ſimples dans vos habits, modeſtes dans votre démarche, ſévères dans votre conduite, élevez vos Filles dans la retenue & dans la pudeur, filez avec elles le lin des Pauvres, leur préparez de vos mains les habillemens qu'ils doivent porter, & recueillez de toute part des aumônes avec zele, pour les ſemer avec charité dans leur ſein!

Vous ne travailleriez donc pas pour l'éternité, vous, Vierges honnêtes, qui, dans le ſecret de vos maiſons, faites de vos habitations, ainſi que de vos cœurs, un Temple au Dieu vivant & véritable, & vous dérobant aux amuſemens illicites du ſiecle, vivez en Saintes au milieu du monde!

Erreur, mes cheres Sœurs, erreur: dans le centre du monde, on

rencontre des Justes, qui fideles aux
Epist. ad Cor. Préceptes de l'Apôtre, y vivent
1. c. 7. v. 30. comme n'y vivant pas, qui jouis-
31. 32. sent des biens de la terre, comme n'en jouissant pas, qui semblables aux Juifs pendant leur captivité, gémissent sur les bords du Jourdain de se voir encore éloignés de la céleste Sion & exilés de leur Patrie. Il est de vrais Adorateurs qui n'ont point fléchi le genoux devant Baal, il est des Noëmies dans les Cours fastueuses des Perses, des Josephs au milieu des délices de l'Egypte & des Daniels à Babylone.

Eh! pourquoi donc, dites-vous, pourquoi les SS. Peres se sont-ils accordés à nous tracer les tableaux les plus révoltans du monde? Pourquoi S. Cyprien (*a*) le peint-il à Do-

---

(*a*) *Cerne tu itinera latronibus clausa, cruento horrore castrorum bella ubique divisa.*

nat avec des couleurs si noires ? A l'entendre, » c'est une caverne de » voleurs, une campagne teinte & » imbibée du sang de ses Habitans » qui s'y déchirent & s'y dévorent : » c'est un repaire d'Animaux féro- » ces, où l'on ne connoît que la loi » du plus fort : où règne l'impu- » dence & l'iniquité, où brille le » scandale. Là sur des Tribunaux » que l'on appelle sacrés, les Juges » vendent la Justice & les Citoyens » l'achetent. » Pourquoi ces paroles si vives ? ah ! c'est qu'autant il est vrai qu'il est possible de se sauver dans le monde, autant il est cer-

---

Madet orbis mutuo sanguine...... Impunitatem sceleribus acquirit non innocentiæ ratio, sed sevitiæ magnitudo......... Inter jura peccatur... Patronus prævaricatur & decipit. Judex... sententiam vendit.

S. Cyprien. *Epist.* 2. *Lib.* 2. Edit. fol. Basilea 1530.

tain qu'il est très-difficile de le faire.

Je vous en prends à témoins, ô vous, Chrétiens, qui assistez à cette édifiante Cérémonie : vous qui savez ce qu'il en coûte pour pratiquer la vertu au milieu des Habitans de Cédar. Ne trouvez-vous point à chaque pas des contradictions ? Ne rencontrez-vous pas mille obstacles? La raillerie ne lance-t-elle point son venin jusques sur vos actions les plus sages ? Pour être à Jésus-Christ, ne vous faut-il pas sans cesse être en guerre avec vos parens, avec vos amis, avec vous-mêmes ? Que ne puis-je donner à un Portrait du monde, cette énergie que vous sauriez si bien lui donner, qui frapperoit d'autant plus, que plus exposés à ses dangers, vous êtes censés les connoître davantage! Mais quelque foible qu'il puisse être, il eſt toujours eſſentiel que je le trace. Vous, Meſdames, qu'une heureuſe néceſſité tient éloignées des périls que l'on y rencontre, à qui une longue habitude de jouir de votre bonheur, ôte le ſouvenir des maux que l'on y moiſſonne, vous trouverez dans ce portrait des motifs d'une véritable conſolation, & vous bénirez de plus en plus le Seigneur qui a arraché vos âmes à la mort, & qui vous a placées dans la terre des vivans : & vous, mes cheres Sœurs, vous apprendrez au moins à le connoître, ce monde, avant d'y renoncer ; & ſi vous perſiſtez dans votre déſir & dans votre réſolution, connoiſſant ce que vous aurez quitté, vous vous épargnerez des regrets que les idées trop flatteuſes de cet objet inconnu pourroient vous donner.

S. Mat. Evan. c. 8. v. 32. Le Monde eſt cette mer dont parle l'Evangile, où des troupeaux de démons ſe ſont précipités par la permiſſion de l'Eternel, & dont le calme eſt troublé par les agitations qu'ils lui cauſent. Ces eſprits infernaux, ſemblables à ces oiſeaux voraces, qui ne vivent qu'aux dépens des Êtres qu'ils immolent à leur férocité, planent ſans ceſſe audeſſus de ceux qui la traverſent, toujours prêts à fondre ſur leurs têtes, aux momens les plus inattendus : Syrènes vérirables, ils attirent & ſéduiſent ces malheureux, qui bientôt viennent frapper contre les écueils qu'ils ne pouvoient ſoupçonner. C'eſt ſur cette mer qu'eſt méconnue la bonne foi, que les Loix les plus juſtes ſont violées. C'eſt ſur cette mer fûneſte, que l'innocence fait les plus cruels naufrages, & que la vertu la plus aguerrie périt quelquefois ; partout on y est environné de piéges, de rochers, de monstres & le vaisseau même de la Religion, seroit peut-être submergé, s'il n'avoit Dieu lui-même pour Pilote.

D'après ce tableau, l'on ne m'accusera pas assurément d'être flatteur : non, je ne le suis pas, & je ne devois pas l'être. L'Apôtre de la Vérité ne peut l'être du mensonge. J'ai peint le Monde, j'ai peint le Cloître avec les couleurs qui leur sont propres. J'ai mis ces deux objets sous vos yeux, mes cheres Sœurs, vous avez vu d'un côté les avantages du Cloître, les plaisirs vrais de la Vie Religieuse, cette satisfaction que l'on goûte à servir son Dieu, loin du tumulte & dans la paix du Sanctuaire ; vous avez, vu ce que vous aviez à craindre dans cette demeure & combien, pour y être heureuſes, il vous étoit néceſſaire d'y être appellées par votre Dieu.

D'un autre côté, vous avez vu le monde, ſes dangers & ſes périls, la difficulté que l'on y trouve a faire ſon ſalut, & cependant la poſſibilité qu'il y a de l'y faire.

Je ne puis plus que vous abandonner à votre volonté. Oui, mes cheres Sœurs, vous êtes libres, choiſiſſez : vous êtes raiſonnables, la raiſon doit guider votre choix : vous êtes Chrétiennes, la volonté de votre Dieu doit guider votre raiſon.

Dieu de bonté! Dieu de miſéricorde! répandez votre lumiere ſur l'âme de ces jeunes Vierges qui veulent ſe conſacrer à vous. Montrez-leur ſi vous les avez déſignées pour habiter dans la ſolitude des

Cloîtres, en face de vos Autels. Ne permettez pas qu'elles soient les victimes de leur zèle : c'est leur amour pour vous qui les a conduites dans cet asyle : faites leur connoître votre volonté.

Oui, mes cheres Sœurs, oui, devez-vous dire avec Esther : Seigneur ! ce moment est un moment de crainte & de tribulation pour nous, nous pouvons nous tromper dans notre choix, & vous seul pouvez nous guider. Nous nous abandonnons à votre Justice, ouvreznous le Livre des Destinées, montrez-nous notre sort futur : vous le tenez ce Livre terrible dans vos mains, & vous avez la connoissance de ce qu'il renferme. *Justus es, Domine, adjuva me nullum auxilium habentem, nisi te, Domine, qui habes omnium scientiam.*

Esther c. 14.

Nous ſommes dans le plus preſſant beſoin de votre ſecours : *Tu ſcis neceſſitatem meam.* Ne permettez pas que le deſir de vous plaire nous ſéduiſe. Que l'Ennemi ne puiſſe pas inſulter à notre choix & à notre malheur : *ne rideat ad ruinam noſtram.* Banniſſez les illuſions qui pourroient captiver nos cœurs. Notre danger eſt dans nos mains : *periculum meum in manibus meis eſt.* Parlez, ô mon Dieu ! parlez ; dociles à votre parole, nous obéirons à l'inſtant, & notre vie conforme à votre volonté, nous méritera d'être un jour reçues dans la céleſte Sion, où vous habitez au milieu de vos Elus.

. Je vous le ſouhaite au nom du Père, du Fils, & du Saint-Eſprit... Ainſi ſoit-il.

SERMON

PRÊCHÉ

A L'HÔTEL-DIEU DE PARIS,

A LA PROFESSION

DE Mlle Thérese GALOT, *dite* DE SAINTE THÉRESE.

Le 22 Mai 1780.

E

SERMON
DE PROFESSION,
POUR L'HÔTEL-DIEU
DE PARIS.

Conservavit illi homines misericordiæ.
Il lui a conservé des hommes de miséricorde.

Dans l'Ecclésiastique, Ch. 44, ℣ 27.

TEL est le miracle de bonté qu'opere encore tous les jours, à l'égard du monde, le Tout-Puissant, & dont la cérémonie qui nous rassemble est la preuve la plus éclatante Oui, sans doute, si Dieu ne considéroit que les crimes de l'Univers, s'il n'écoutoit que sa justice, il pourroit faire éprouver aux hommes la rigueur de sa colere &, sans dépeupler le monde par les eaux d'un nouveau déluge, sans inventer de nouveaux supplices, il pourroit les laisser se détruire eux-mêmes par leur insensibilité mutuelle, au milieu des maux inséparables de leur nature, depuis sa corruption par le péché; mais, plus tendre envers eux que ne l'est une mere pour le fruit chéri de son sein, il ne peut oublier des créatures que ses mains ont formées, il fait naître, de leur propre sang, des êtres pleins de bonté pour servir de canaux à ses graces &, malgré la malice générale, & les offenses toujours renaissantes de ses enfans, il leur conserve des hommes de miséricorde : *Conservavit illi homines misericordiæ.*

Vous êtes de ce nombre choisi, ma chere Sœur, & Dieu qui vous a conduite dans cet asyle, qui vous fait approcher sans crainte de cet Autel, vous destine pour être sur la terre son image vivante & l'instrument de ses bienfaits. Pourriez-vous ne pas applaudir à votre bonheur? Ah! s'il vous en coûte pour briser les liens qui vous attachent au monde, pour rompre les nœuds du sang que la Nature a formés sous les yeux, & de l'aveu du Créateur, il est bien consolant de pouvoir dire : » je vais au milieu des hommes, de » mes semblables, représenter la » Divinité, la représenter par le plus » beau de ses attributs, par celui qui » captive tous les cœurs, par la mi- » séricorde.

Arrêtons-nous à cette idée. L'acte Héroïque que vous allez faire, nous en fourniroit, à la vérité, bien d'autres. Je pourrois vous peindre triomphante à la fois, du monde, de votre corps, de votre esprit, par les vertus dont vous allez jurer l'éternel exercice ; mais ces vertus, quelque sublimes qu'elles soient, utiles à vous seule, doivent le céder à celle dont l'effet s'étend à tous les hommes, & qui, suivant la pensée du bienheureux Dorothée, perfectionne toutes les autres. D'ailleurs, un tableau fidele de la grandeur, de la beauté de l'état que vous embrassez, ranimera celles de vos Sœurs dont le zèle pourroit languir : enflammera vos compagnes qui n'ont point encore consommé leur sacrifice : consolera des Parens tendres qui ne voyent en vous qu'une victime, qu'un enfant aimé qu'ils perdent, & dont la perte leur est d'au-

Bibliot. Patr T. XI. pag. 850.

tant plus douloureuſe, que c'eſt un dévouement volontaire qui le leur enleve : apprendra au peuple qui vous environne, & qui, peut-être, ou vous plaint, ou vous blâme, à vous reſpecter, à vous chérir : & vous ſoutenant enfin vous-même, vous fera, malgré les pleurs d'une mere ſenſible, prononcer avec joie l'engagement irrévocable que le Seigneur attend de vous.

Ave, Maria.

De tous les attributs de l'Etre Suprême, il n'en eſt pas qui le rendent plus ſenſible, que la juſtice & la miſéricorde, &, de ces deux qualités, celle qui ſemble avoir le plus d'étendue, c'eſt la miſéricorde, cette perfection aimable, qui ajoute à la bonté, qui tempère la juſtice, & qui même, au milieu des éclats de ſa foudre vengereſſe, paroît briller encore plus qu'elle.

Se conſacrer aux œuvres que preſcrit cette vertu, c'eſt donc acquérir le degré le plus flatteur de reſſemblance avec la Divinité, & pour vous en convaincre, ma chere Sœur, il ſuffit de pénétrer dans les ſalles qui nous environnent, dans ces vaſtes théatres de la miſéricorde, & de conſidérer par combien de traits, vous allez retracer celle de votre Dieu.

S. Gre. Nazian. Ora. 17. de amo. paup.

Quel ſpectacle frappe nos yeux! Ces lits multipliés ne renferment que des hommes morts & mourans tout enſemble, privés d'une partie d'eux-mêmes, & ſouffrans dans l'autre: ſe haïſſant & s'aimant tour-à-tour: incertains s'ils doivent regretter les membres qu'ils ont perdus, plutôt que gémir ſur ceux que la maladie leur laiſſe; des hommes, ou, pour mieux dire, des restes d'hommes saus amis, sans ressource, dont la voix lamentable, semblable à celle d'un écho lointain, répéte tristement le nom des Villes qui les ont vu naître, & des parens qui les ont mis au jour, heureux de pouvoir encore, par ces foibles accens, indiquer qu'ils sont des hommes, dont on chercheroit envain des traces dans les traits défigurés de leur visage.

Hommes sensuels & indifférens à tous autres qu'à vous-mêmes! vous fuiriez loin de ces cadavres vivans, votre odorat, récréé tous les jours par les plus suaves odeurs, ne seroit pas assez agréablement affecté par les fœtides exhalaisons qui émaneroient de ces corps.

Vos yeux accoutumés au faste de vos magnifiques demeures, au luxe de vos habits, ne se permettroient pas de reconnoître des ſemblables dans la maiſon & ſous les lambeaux de la pauvreté.

Votre eſprit s'aveugleroit ſur de pareils objets : il craindroit d'éprouver des ſenſations trop triſtes, d'avoir des réflexions trop affligeantes : il craindroit de penſer que ces Infortunés, qu'il dédaigne, ont peut-être joui des richeſſes les plus abondantes, que leurs biens ſe ſont diſſipés comme les nues que les vents chaſſent devant eux, & que la fortune eſt auſſi fragile que ces figures légeres que les Enfans tracent ſur le ſable, au milieu de leurs jeux.

Vous fuiriez, & peut-être encore oſeriez-vous maſquer la cruauté criminelle de vos cœurs avec le voile honorable d'une trop vive ſenſibilité.

Mais vous, ma chere Sœur, vous approcherez de ces Moribonds, vous les presserez dans vos bras : vous opérerez alors le premier des miracles de l'amour divin, & vous manifesterez le premier trait de ressemblance avec votre Dieu. Vous ne créerez pas, à la vérité, comme lui, des Hommes, mais vous les réformerez, pour ainsi dire, de nouveau : ce ne sera pas d'un vil limon que vous ferez sortir leurs corps ; mais vous les ferez comme ressusciter du milieu de la pourriture : par votre soin, leurs nerfs s'étendront sur leurs os, ils se couvriront d'une nouvelle chair, & bientôt ranimés par le souffle de votre charité, ils revivront : *revivîscent* : ils revivront, ils béniront le Tout-Puissant, qui leur aura donné par vos mains une nouvelle vie ; Ezech.

& dans les premiers mouvemens de leur reconnoiſſance, ils mêleront votre nom à celui de leur Dieu.

Autels ſacrés de ce Temple, combien de fois fûtes-vous témoins de ces cris de la reconnoiſſance! Combien de fois vîtes-vous ſe proſterner à vos pieds, avant de reparoître au milieu des Vivans, ces Hommes qui s'étoient réfugié près de vous, pour échapper aux traits de la mort qui les pourſuivoit, & qui, guéris enfin, venoient payer le tribut de la gratitude de leurs cœurs! Combien de fois les entendîtes-vous s'écrier avec la piété d'Ezéchias: ô mon Dieu! recevez les actions de graces que nous vous
Iſai. c. 38. Ver. 10 & ſ. rendons; ſoyez à jamais béni. Nous étions aux portes du tombeau, nous cherchions en vain à retenir

le reste de nos années : elles s'écouloient malgré nous. C'en est fait, avions-nous déjà dit, nous ne verrons plus le Tabernacle du Seigneur , nous ne verrons plus les Hommes : Dieu va couper le fil de notre vie, comme le Tisserand coupe le fil de sa toile. Le matin, nous nous disions : nous ne verrons pas le soir ; & le soir, nous ne comptions plus sur le matin. Nous avons eu recours à vous, vous nous avez exaucés, vous avez, sous nos pas, fermé la terre qui s'ouvroit pour nous engloutir. Soyez, Seigneur, soyez à jamais béni : Et vous aussi, soyez bénies, Habitantes du séjour que nous quittons, vous dont le Seigneur s'est servi pour nous retirer des bras de la mort, vous qui nous prodiguâtes vos soins, qui nous servîtes de Mères.

Mères des Pauvres! titre précieux pour un cœur chrétien & sensible! titre si beau, que l'ambition elle-même le fait souvent rechercher par des Femmes mondaines! titre admirable que vous donnera la reconnoissance, que votre charité, votre vigilance vous auront mérité! titre enfin, qui fera briller en vous un second caractère de ressemblance avec la Divinité, Mère & Conservatrice de toutes ses Créatures!

Avoir mis un Enfant au monde, ce n'est être Mère qu'en partie; c'est même, pour quelques Femmes, s'être débarrassées d'un fardeau qu'elles regrettoient de porter, & qu'elles reprochoient à la Nature: ce n'est que par les soins, les secours qu'on est entierement, qu'on est vraimnet Mère, & c'est sous ces derniers rapports que vous deviendrez celle de vos Malades.

Non, la Société ne vous devra pas son accroissement; mais vous en diminuerez les pertes. Vous conserverez la vie à des milliers de citoyens de tous les âges que moissonneroit indistinctement la mort, si vous ne vous opposiez à ses coups. Par vos soins, ils goûteront encore les douceurs de l'existence, & l'on pourra vous appliquer les paroles que l'Eglise adresse dans ses Hymnes à l'Epoux de Marie. Quoiqu'exempte de la couche conjugale, vous êtes cependant leur Mère; c'est vous qui réchauffez leurs membres languissans & glacés; c'est vous qui leur donnez les secours qui les font vivre, & leurs corps, quoique formés sans vous, se nourrissent cependant de vos

Santeul Hym. S. Joseph.

ſueurs, *& formata te ſine, de tuis creſcunt membra laboribus.*

Guidée par la charité, vous recevrez encore des mains des Mères, ces jeunes Enfans que leur ſein aura portés, qu'elles vous confieront comme à d'autres elles-mêmes, & qu'elles regretteroient de voir ſéparés d'elles, s'ils n'étoient remis dans vos mains. Les langes que vous préparerez, ſeront les premiers vêtemens que recevront ces Enfans, & même avant de prendre aucune nourriture, ils auront reſſenti les effets de votre aſſiſtance.

Vous courrerez au devant de l'infirme, que l'indigence forcera ſes Parens de vous abandonner; vous ſerez ſon refuge & ſon ſoutien.

Votre tendreſſe maternelle ſe manifeſtera par des traits encore plus éclatans : venez, mes Frères, venez en être témoins. Sortons ensemble de cette Capitale, & visitons, hors de ses murs, cette maison immense que nous devons à la générosité du meilleur de nos Rois, de ce Roi dont nous ne prononçons jamais le nom sans attendrissement, qui, d'une voix unanime, fut surnommé le Père de ses Sujets, & crut ne pouvoir faire un meilleur usage de cette vaste possession, que d'en rendre héritieres les Mères des Pauvres. Contemplons, si nous en avons la force, les Malades qui y gémissent. Ah! mes Frères, ce sont les Orphelins de la Nature : ils avoient des Pères & des Mères, ils n'en ont plus : les Auteurs de leurs jours existent cependant encore; mais leurs entrailles se sont endurcies. Le Père de cet Infortu-

Hôpit. S.Louis.

Henri IV.

S. Gré. Nazian. Or. 17.

né ne peut en ſoutenir la vue : il le reconnoît néanmoins pour ſon fils, pour ce fils qu'il a engendré, qu'il chériſſoit plus que lui-même, dont il a formé la jeuneſſe avec tant de peine & de ſoins : pour ce fils qu'il regardoit comme le ſoutien futur de ſa vieilleſſe, comme le rejetton qui le devoit perpétuer un jour. Il l'a vu couvert du mal horrible qui le dévore : il a détourné les yeux, il a redouté de rencontrer ſon haleine, & l'a chaſſé loin de lui.

S. Gr. Nazian. Or. 17. La Mère de cet autre l'aime encore, ſa tendreſſe le peint ſans ceſſe à ſa mémoire, ſon cœur ſe déchire & néanmoins elle le fuit : elle regrette de ſavoir qu'il exiſte. » Pour-» quoi, s'écrie-t-elle, pourquoi t'ai-je » fait naître, ô mon fils ? pourquoi la » mort ne t'a-t-elle pas diſputé à la

» vie, au moment de ta naiſſance ?
» Qu'avois-je beſoin de te nourrir
» de mon lait, pour te ſavoir un
» jour la victime de ton exiſtence ? »
Ses lèvres, qui tant de fois ont preſſé les ſiennes, pâliſſent au ſeul ſouvenir de ſes embraſſemens: quoique ſéparée de lui, ſes bras n'oſent s'ouvrir, crainte de le rencontrer, & cette chair, formée de la ſienne, eſt à ſes yeux une chair ennemie.

Abandonnés ainſi, ces Malheureux avoient cherché des aſyles, & n'en avoient point trouvés; ils avoient demandé des ſecours, & n'en avoient point reçus. Les Hommes s'attroupoient pour les inſulter; les Hommes, qui vantent tant la bienfaiſance, qui célèbrent l'humanité, leur avoient, ſans pitié, fermé leurs demeures : ils reçoivent à

S. Gr. Nazian. Or. 17.

leurs tables des criminels, dont ils connoissent les noirceurs: ils mangent avec des scélérats & des adulteres: mais des Malades, mais des Pauvres sont indignes de leurs regards. Ces Infortunés dont ils n'ont jamais reçus de maux, dont peut-être ils ont reçus des biens; ils les dédaignent, ils les méprisent, ils les fuyent : heureux, quand ils ne les maltraitent pas! Errans & fu-
Genese. gitifs sur la terre, comme Caïn,
C. 4. v. emportans avec eux l'opprobre &
14 la haine de la Société, ils alloient au fond des cavernes, dans l'épaisseur des forêts, chercher au milieu des animaux sauvages une retraite qu'ils ne trouvoient point parmi leurs semblables : ils se sont souvenus de cet asyle, ils s'y sont présentés, ils y ont été reçus, & c'est cette jeune Vierge, qui va de-

venir tout à la fois leur consolation, leur société & leur mère: c'est elle qui pansera leurs plaies: c'est elle qui leur présentera les breuvages salutaires qui doivent leur rendre la santé: ses bras, pour les aider à les prendre, soutiendront leurs corps languissans; ses mains vont relever avec patience les lambaux tombans de leur chair à demi consumée, & (ce que Job répugnoit à faire pour lui-même avec les débris d'un vase de terre), elles essuyeront lapourriture qui découlera de leurs ulcères.

Job. c. 2. v. 8.

La Mère la plus zélée, que feroit-elle davantage! Mais elle aura donc perdu toute sensibilité? Non, mes Frères, non: elle excelle seulement en piété; & c'est cette piété, suivant la pensée de S. Grégoire de

Or. 17. Nazianze, qui lui fait tendre à ces Malheureux une main ſecourable: *Ii tantùm te aſpicient qui pietate excellunt.* Elle auroit perdu la ſenſibilité! Eh! qu'eſt donc à vos yeux cette vertu? Seroit-ce ce mouvement prompt d'un cœur qui ſe ſoulève & s'éloigne d'un Être qui ſouffre, crainte de ſouffrir avec lui? Oui, certes; ſi c'étoit là la ſenſibilité, elle l'auroit perdue, & s'en feroit gloire; mais ſi vous appellez ſenſibilité cette délicateſſe des reſſorts de l'âme, qui fait que la moindre douleur qu'elle voit reſſentir l'attendrit & la porte à ſecourir ceux qui ſouffrent, eh! qui la poſſéderoit plus que celle qui, depuis ſi long-tems, en manifeſte les effets, & qui, par un ſerment ſolemnel, vient aujourd'hui, ſous vos yeux, s'engager à les faire éprouver à tous ceux qui ſe jetteront dans ſes bras ?

Et cette répugnance, ſi naturelle à tous les hommes, pour les maladies & pour la mort, que l'on peut reſpirer avec le ſouffle des mourans? elle l'a vaincue : Mes Frères, la Foi & la Charité lui ont fait remporter cette victoire : la Foi, qui tranſporteroit les montagnes, ſelon l'expreſſion de l'Apôtre S. Paul ; la Charité, plus puiſſante encore : la Foi, qui dit à ſon cœur, que les maladies que pourroient lui communiquer les Pauvres qu'elle ſerviroit, plus glorieuſes mille fois que les bleſſures dont s'enorgueilliſſent nos Héros, ſeront autant de titres aux récompenſes éternelles, & que la mort elle-même qui pourroit la moiſſonner au milieu de ſes travaux, ſeroit un martyr précieux gage

1 Ép. aux Cor. C. 13. v. 2.

certain de l'immortalité : la Charité, qui la brûlant & la consumant de ses flammes, l'anime, lui fait tout entreprendre & tout souffrir : la Foi, qui lui a fait reconnoître Jesus-Christ dans les traits monstrueux de l'Infortuné qui se présente à elle, qui lui apprend comme, dit S. Grégoire de Nazianze, que ce divin Maître, semblable à ces Rois bienfaisans, qui munissent de leurs lettres & de leurs portraits leurs Sujets, afin de les faire respecter dans les Royaumes qu'ils parcourent,
S. Grég. de Nyss. a voulu revêtir le Pauvre de sa propre personne, pour que ceux-là seuls le pûssent rejetter, qui seroient impitoyables envers leur Dieu : la Charité, qui toujours vive, toujours agissante en elle, lui donne des entrailles de mères pour chacun des

Malades

Malades qu'elle ſoigne, & les lui fait regarder comme autant de portions d'elle-même qu'elle voudroit ſe conſerver. Il n'eſt point d'état, de condition qu'elle rebute. De quelque Religion, de quelque Nation que ſoit un Malade, il ſuffit qu'il ſoit homme & qu'il ſouffre, elle le traite comme ſon propre fils.

Oui, ma chère Sœur, j'en appelle à vous-même : ne ſont-ce pas là les tendres ſentimens que vous nourriſſez dans votre cœur, que vous admirez dans celles qui vous préſident, & que vous inſpirent ces Vierges heureuſes que vous avez priſes pour modèles ?

Ne ſont-ce pas là ces tendres ſentimens qui ſont comme des dogmes particuliers à votre antique & toujours bienfaiſante & reſpectable

Maiſon ? Ne ſont-ce pas enfin ces ſentimens qui guident vos actions, ajoutent encore à votre reſſemblance avec votre Dieu, ce Dieu qui fait luire également ſon ſoleil
S Mat. 9. 5. v. 45. ſur les bons & ſur les méchans?

Certes, elle ſeroit bien barbare la Charité qui feroit dépendre ſes bienfaits des mœurs, de la protection, des qualités, de la croyance des hommes! Quoi! parce qu'un Pauvre ne ſeroit devenu pauvre que par ſon inconduite, que ſa maladie même ſeroit une ſuite de ſes vices honteux, on l'abandonneroit! Parce qu'un Pauvre ne pourroit joindre aux ſollicitations que fait pour lui ſa maladie, une protection remarquable, on le rejetteroit! Parce qu'un Pauvre auroit le cœur ingrat, injuſte, on ne banderoit pas ſes plaies! Parce qu'un

Pauvre ne ſeroit pas d'une même Religion, il ne trouveroit plus d'humanité dans les cœurs! Avant d'étancher le ſang qui couleroit de toutes les parties du corps d'un Malheureux, qu'un autre plus malheureux encore viendroit de percer de mille traits ennemis, il faudroit s'inquiéter s'il n'a point été l'aggreſſeur! il faudroit s'aſſurer de ſa reconnoiſſance future! Avant d'arrêter le dernier ſouffle de la vie prêt à s'échapper d'un corps broyé par une chûte horrible, il faudroit s'informer de ce que ſon ame penſe, de ce qu'elle croit! Hé! le Payen, le Sauvage, ſeroient plus charitables que de ſemblables Chrétiens!

Mais, pour le bonheur du Pauvre, ce n'eſt pas ainſi que vous penſez, mes chères Sœurs, tout homme à vos yeux eſt votre Prochain : vous avez puiſé vos principes ſur la Charité dans le dépôt des Ecritures, & l'Eſprit ſaint n'enſeigne pas l'inhumanité. Il vous

S. Luc. ch. 14. v. 21. a dit : « A vos feſtins invitez les Pau-
» vres, les Eſtropiés, les Boiteux,
» les Aveugles », & vous en aurez ſans ceſſe à vos côtés, ils partageront votre nourriture, ils auront vos ſecours, ils jouiront de

Ec. ch. 4. v. 4. vos veilles : Il vous a dit : « Ne
» mépriſez pas celui qui a faim, ne
» refuſez pas de donner à celui qui
» ſouffre », & vos bras ſeront toujours ouverts à l'Indigent, au

S. Paul. Gal. ch. 6. v. 10. Malade. Il vous a dit, « Faites du
» bien à tout le monde », & perſonne ne ſera exclus de vos bienfaits. Les hommes les plus abandonnés, ſeront ceux que vous ju-

gerez les plus dignes de vos soins: *vous ne donnerez à qui que ce soit le sujet de vous maudire derrière vous*; l'Idolâtre, le Payen, l'Hérétique, l'Incrédule, s'il s'en présente, seront admis à vos miséricordes. Telle que la Divinité, qui, malgré tous nos crimes, ne nous abandonne pas, qui semble même nous prodiguer ses graces, quand nous ne lui répondons que par ingratitude: vous ne serez rebutée ni par les mœurs farouches des uns, ni par les insultes des autres; & c'est même alors que vous multiplierez vos attentions & vos soins. Ec. ch. 4. v. 5.

Que n'aurois-je pas encore à dire, ma chère Sœur, si je voulois m'arrêter à chacun des traits de ressemblance avec votre Dieu, que vous acquérerez, & que vous manifesterez au milieu de nous dans le nouvel exercice de votre état ! Ne pourrois-je pas vous peindre, comme lui, plus ſenſible au ſalut des ames qu'à la conſervation des corps ? Hé ! qui ne vous a pas déjà vue voler de lits en lits, ſoutenir, fortifier vos Malades, malgré la vivacité de leurs maux, par la force perſuaſive de vos diſcours ; Engager cet homme terreſtre à faire au Dieu qui lui a donné l'être, le ſacrifice de ſa vie ; faire renaître dans l'ame de cet autre la confiance aux bontés du Tout-Puiſſant & en bannir le déſeſpoir ; toucher par vos douces leçons, ce cœur endurci, & le frappant par vos paroles, en faire ſortir, comme autrefois Moïſe du rocher, les eaux les plus ſalutaires ; confondre les futiles raiſonnemens de l'impie & le forcer de bénir avec vous les Cieux ; convaincre enfin l'Hérétique, lui faire abjurer ſes faux dogmes, lui faire profeſſer les vôtres, &, non contente de le rendre à la Société, le rendre encore à l'Egliſe, & à la Religion?

Oui, ma chère Sœur, tout en vous, juſqu'au bonheur inſéparable de votre état, multipliera les traits de votre reſſemblance avec la Divinité.

Dieu trouve ſon bonheur en lui-même; il eſt heureux de la vue de ſes perfections; vous trouverez le vôtre dans votre cœur, & la vue de vos vertus fera votre félicité. Que d'objets flatteurs ſe préſenteront à vous! Le ſouvenir précieux de tant de Malheureux ſecourus, de tant de Pauvres ſoignés, de tant de Malades guéris, de tant d'Hommes convertis à la foi, fera comme retentir à vos oreilles le cri de la reconnoiſſance, ſi ſatisfaiſant pour le cœur humain : l'idée de votre bienfaiſance ſera comme un fil d'or qui s'allongera ſous vos mains, & vous procurera une abondance précieuſe des ſeuls vrais plaiſirs.

Si Dieu jouit d'un bonheur éternel & ſans fin, vous en aurez auſſi la certitude; vous verrez, pour me
Gr. de Naz. de am. Pa ſervir des expreſſions mêmes de S. Grégoire de Nazianze, vous verrez les Infortunés que vous aurez ſoulagés, comme autant de gardiens des portes des Cieux, diſpoſés à vous conduire au trône de votre Rémunérateur, éloquens par leur ſeule préſence : vous les entendrez dire à ce ſouverain Diſpenſateur de tous biens : « Recevez-la, Seigneur, » dans vos demeures ſaintes cette » Vierge charitable : elle fût la reſ-

» source de l'Orphelin, le soutien » des Vieillards, la richesse de l'In- » digent, un port assuré pour tous les » Malheureux; elle fût notre Mè- re »; & si la trompette du Jugement vient vous répéter ses sons terribles, la parole même de Jésus-Christ calmera vos frayeurs: il vous appellera pour vous couronner, & vous vous verrez inscrite sur le Livre de vie, au nombre des Elus.

Une jouissance prématurée enivrera pour lors votre ame, & vous goûterez par avance les douceurs de l'éternelle félicité.

Mais pourquoi m'arrêtais-je si long-temps à vous entretenir du bonheur que votre bienfaisance doit vous procurer? je retarde celui de mes Concitoyens.

Volez plutôt, volez, Fille généreuse au pied de cet Autel, *vous*,

Judith. c. 15. v. 10. *la gloire d'Ifrael, la joie du Peuple;* prononcez cet engagement folemnel qui doit vous rendre fi chere aux yeux du Pauvre & de toute la Nation.

Parens tendres, Ames fenfibles, ne pleurez point le fort de votre Fille : elle va vous rendre Pères d'une immenfe génération; votre nom fe répétera de bouche en bouche, il fera glorifié, il fera béni.

Et vous, mes Frères, ne foyez pas des témoins oififs de ce facrifice : concourrez avec cette Vierge heureufe au bonheur de vos concitoyens. Si vous n'avez pas le courage de vous confacrer comme elle à leur fervice, aidez-la du moins de vos fecours : que vos abondantes aumônes contribuent au foulagement des Infortunés, que renferme cet afyle : que cet afyle lui-même s'accroiffe, s'aggrandiffe avec les fonds qu'aura fournis votre libéralité : que les lits se multiplient : que les Malades ne soient plus dans la cruelle nécessité de se voir pressés par des plus Malades qu'eux. Hélas! lorsque Moïse autrefois demandoit au Peuple Hébreux les offrandes volontaires d'une partie de leurs biens pour construire le tabernacle & ses ornemens, ce Législateur heureux se vit bientôt obligé de réprimer leur zèle ; les Femmes se dépouilloient de leurs bijoux & les apportoient elles-mèmes pour être offerts à la Divinité ; Femmes des Chrétiens, je vous fais aujourd'hui la même demande au nom de mon Dieu : élever un asyle aux Pauvres, c'est élever un Temple au Tout-Puissant. Que les débris seuls de votre luxe soient employés à cet ouvrage, & bientôt nous vous dirons comme Moïse, « vos oblations sont

» ſuffiſantes, rallentiſſez vos bien-
» faits », & vous jouirez du fruit de votre bienfaiſance.

O DIEU! qui pouvez tout ſur le cœur des Hommes, inſpirez ce détachement louable à ceux qui m'écoutent : qu'admirateurs de la beauté de la miséricorde, que jaloux des traits de reſſemblance avec vous que cette vertu donne à l'Homme, & des avantages inappréciables qu'elle lui procure, ils viennent ſecourir, de leurs biens, les Pauvres que cette jeune Vierge va ſecourir par ſes ſoins & ſon zèle : qu'ils ramènent les beaux ſiècles de l'Egliſe naiſſante, où l'on ne reconnoiſſoit les Chrétiens qu'à leur charité : *qu'identifiés enſin avec vous* ici-bas *par la miſéricorde & la bienfaiſance*, comme dit un Père, ils obtiennent de n'être jamais ſéparés de vous dans l'éternité. Ainſi-ſoit-il.

S. Greg. de Nyſſ. de amore pauper.

TABLE

Des Matieres.

Fin de la Table des Matieres.

APPROBATION.

APPROBATION.

J'Ai lu, par ordre de Monseigneur le Garde des Sceaux, un manuscrit qui a pour titre : *Essais de Sermons prêchés à l'Hôtel-Dieu*, &c. L'Orateur Chrétien m'a paru avoir rempli la fin qu'il s'est proposé de faire connoître aux Vierges Chrétiennes, qui se dévouent au service des malades, toute l'étendue de leur vocation, & de leur inspirer l'amour des devoirs de Religion & d'Humanité. A Paris, ce 1 Février 1781. DELAHOGUE.

PRIVILEGE DU ROI.

LOUIS, PAR LA GRACE DE DIEU, ROI DE FRANCE ET DE NAVARRE ; A nos amés & féaux Conseillers les Gens tenans nos Cours de Parlement, Maîtres des Requêtes ordinaires de notre Hôtel, Grand-Conseil, Prévôt de Paris, Baillifs, Sénéchaux, leurs Lieutenans-Civils, & autres nos Justiciers qu'il appartiendra : SALUT. Notre bien amé le Sieur M. : . . . . . . Nous a fait exposer qu'il désireroit faire imprimer & donner au Public, *Un Essai de Sermons prêchés à l'Hôtel-Dieu*, de sa composition, s'il Nous plaisoit lui accorder nos

Lettres de Privilége à ce néceſſaires. A ces Causes, voulant favorablement traiter l'Expoſant, Nous lui avons permis & permettons de faire imprimer ledit Ouvrage autant de fois que bon lui ſemblera, & de le vendre, faire vendre par-tout notre Royaume. Voulons qu'il jouiſſe de l'effet du préſent Privilége, pour lui & ſes hoirs à perpétuité, pourvu qu'il ne le rétrocede à perſonne; & ſi cependant il jugeoit à propos d'en faire une ceſſion, l'Acte qui la contiendra ſera enregiſtré en la Chambre Syndicale de Paris, à peine de nullité, tant du Privilége que de la ceſſion; & alors par le fait ſeul de la ceſſion enregiſtrée, la durée du préſent Privilége ſera réduite à celle de la vie de l'Expoſant, ou à celle de dix années à compter de ce jour, ſi l'Expoſant décede avant l'expiration desdites dix années. Le tout conformément aux articles IV & V de l'Arrêt du Conſeil du trente Août 1777 portant Réglement ſur la durée des Priviléges en Librairie. Faisons défenſes à tous Imprimeurs, Libraires, & autres perſonnes, de quelque qualité & condition qu'elles ſoient, d'en introduire d'impreſſion étrangere dans aucun lieu de notre obéiſſance: comme auſſi d'imprimer, ou faire imprimer, vendre, faire vendre, débiter, ni contrefaire leſdits Ouvrages, ſous quelque prétexte que ce puiſſe être, ſans la permiſſion expreſſe & par écrit dudit Expoſant, ou de celui qui le repréſentera, à peine de ſaiſie & confiſcation des exemplaires contrefaits, de six mille livres d'amende, qui ne pourra être moderée, pour la premiere fois, de pareille amende & de dechéance d'état en cas de récidive, & de tous depens, dommages & intérêts, conformément à l'Arrêt du Conseil du 30 Août 1777, concernant les contrefaçons. A la charge que ces Présentes seront enregistrées tout au long sur le Registre de la Communauté des Imprimeurs & Libraires de Paris, dans trois mois de la datte d'icelles; que l'impression dudit ouvrage sera faite dans notre Royaume & non ailleurs, en beau papier & beau caractere, conformément aux Réglemens de la Librairie, à peine de dechéance du présent Privilege : qu'avant de l'exposer en vente, le manuscrit qui aura servi de copie à l'impression dudit ouvrage, sera remis dans le même état où l'Approbation y aura été donnée, ès-mains de notre très-cher & féal Chevalier, Garde des Sceaux de France, le Sieur Hue de Miromenil; qu'il en sera ensuite remis deux Exemplaires dans notre Bibliothéque publique, un dans celle de notre Château du Louvre, un dans celle de notre très-cher & féal Chevalier Chancelier de France, le sieur de Maupeou, & un dans celle dudit sieur Hue de Miromenil. Le tout à peine de nullité des Présentes; du contenu desquelles vous mandons & enjoignons de faire jouir ledit Exposant & ses hoirs pleinement & paisiblement, sans souffrir qu'il leur soit fait aucun trouble ou empêchement. VOULONS que la copie des Présentes, qui ſera imprimée tout au long au commencement ou à la fin dudit ouvrage, ſoit tenue pour duement ſignifiée, & qu'aux copies collationnées par l'un de nos amés & féaux Conſeillers-Secrétaires, foi ſoit ajoutée comme à l'original. COMMANDONS au premier notre Huiſſier ou Sergent ſur ce requis, de faire pour l'exécution d'icelles, tous Actes requis & néceſſaires, ſans demander autre permiſſion, & nonobſtant clameur de Haro, Charte Normande, & Lettres à ce contraires. Car tel eſt notre plaiſir. DONNÉ à Paris, le vingt-huitieme jour de Février, l'an de grace mil ſept cent quatre-vingt-un, & de notre Regne le ſeptieme. Par le Roi en ſon Conſeil. *Signé* LE BEGUE.

Regiſtré ſur le Regiſtre XXI, de la Chambre Royale & Syndicale des Libraires & Imprimeurs de Paris, N° 2194. Fol. 461, conformément aux diſpoſitions énoncées dans le préſent Privilége, & à la charge de remettre à ladite Chambre, les huit exemplaires preſcrits par l'article CVIII, du Réglement de 1723. A Paris, ce 9 Mars 1781.

Signé, LE CLERC, *Syndic*.

www.ingramcontent.com/pod-product-compliance
Ingram Content Group UK Ltd.
Pitfield, Milton Keynes, MK11 3LW, UK
UKHW021152260726
13994UKWH00001B/423

9 782329 338422